Rabia

Javier Lafuente
y Eliezer Budasoff (eds.)

Rabia

Crónicas contra el cinismo
en América Latina

EDITORIAL ANAGRAMA
BARCELONA

PRÓLOGO

Al abrir una grieta en la fachada de normalidad que sostenemos a diario, los estallidos sociales, las protestas masivas, las rebeliones inesperadas, nos permiten mirar de cerca de qué están hechas nuestras sociedades. No solo revelan los conflictos y la rabia que han crecido hasta hacerse inocultables, sino también las tramas de desamparo y miserias institucionales que rigen las vidas, sobre todo en América Latina, en donde conviven simultáneamente los actos excepcionales de audacia y solidaridad de los que somos capaces cuando se diluye la idea de que es posible salvarse individualmente en un país quebrado. Es decir: cuando, por un momento, se empieza a pensar en el presente –y el futuro– en primera persona del plural.

En los últimos años, por el trabajo de ambos en *El País,* hemos seguido la evolución de los movimientos que iban sacudiendo el continente de sur a norte. La lucha por el aborto en Argentina es, en ese sentido, la primera marca en ese tiempo cercano, difuso, que va desde la llama esparciéndose por todas partes al comienzo de las cuarentenas. La palabra «ola» que se usaba para definir un fenómeno local pasó a nombrar un estado de ánimo regional: a veces era fácil perder la perspectiva sobre la magnitud que suponían esos cambios, no tanto ya por la inmediatez, sino porque la llama fue propagándose por todo el continente y se hizo cada vez más y más grande, hasta llegar a un grado de incandescencia generalizada que no se recuerda en el pasado reciente.

Este libro, que en un principio fue concebido como una serie de crónicas que pudieran narrar la forma en que las nuevas generaciones de América Latina estaban saliendo a las calles para tratar de transformar sus países, se fue convirtiendo en una radiografía sobre el estado de la región por la misma inercia de su premisa: les encargamos a ocho periodistas y escritores que reportearan y escribieran sobre las grietas que se habían abierto en sus territorios en los años recientes. Y dentro de esas grietas, que en su mayoría siguen abiertas, no había una búsqueda plenamente consciente y ordenada de transformación: estaban las entrañas de sus sociedades en llaga viva.

Propusimos un recorrido por el continente a autores coetáneos de muchos de los personajes sobre los que escriben: del México feminicida retratado por Elena Reina a la Argentina de Estefanía Pozzo, donde las mujeres derribaron a golpes las trabas políticas del aborto; del Pacífico colombiano atravesado por la violencia y el racismo al que acude Juan Cárdenas, al Puerto Rico de los huracanes que ya no puede sostener el recuerdo de –la colonia feliz– de Ana Teresa Toro; de la Cuba que no quiere ver cómo un grupo de jóvenes educados por la Revolución, como Carlos Manuel Álvarez, cuestiona y exige cambios sin que nadie del norte los mueva, al Perú de Joseph Zárate, donde los jóvenes del Bicentenario tumbaron a un presidente y pagaron con vidas su irrupción en la política; de la Nicaragua de Ortega, a quien retó Lesther Alemán, un joven hoy preso y antes exiliado, como el periodista Wilfredo Miranda, al Chile de Yasna Mussa, que desmintió en la calle la fantasía del «oasis» de América Latina y se puso a enterrar la herencia de la dictadura.

Todos los textos conservan los giros, dichos y expresiones de cada país con los que trabajan los autores y con los que se expresan los personajes. No consideramos ni por un segundo la posibilidad de homogeneizar el infinito. Porque también este libro es un recorrido por el idioma que hablan cientos de millones de personas, y no hay palabras más propias que las que se usan a la hora del hartazgo, del dolor o de la euforia.

Aunque resulta difícil dimensionar las tragedias en un continente que se rompe y se incendia todo el tiempo, la mayoría de los países que vivieron estallidos y luchas sociales en América Latina en años recientes atraviesan hoy una situación igual o peor que la de los momentos de crisis y efervescencia política que derivaron en estos estallidos. Creer que esto diluye de algún modo el peso histórico de esas rupturas es no entender, básicamente, que no han sido lugares de llegada sino puntos de partida. Por eso son crónicas contra el cinismo: porque estos momentos de quiebre –que hicieron caer presidentes en Perú y en Puerto Rico, que lograron una ley icónica en Argentina, que sacudieron a la gerontocracia castrista en Cuba, que llevaron a sepultar la Constitución de Pinochet en Chile, que exhibieron el miedo del régimen en Nicaragua, que revelaron la debilidad del poder político en Colombia y el poder político del hartazgo en México– son los primeros pasos de procesos cuyos efectos son desconocidos.

Es algo más que una idea: los momentos y puntos de quiebre que reconstruyen estos textos están poblados de primeras veces, de contagios, de situaciones que empujaron a otros a cambiar la forma de ver y de actuar sobre una realidad compartida. Una legisladora religiosa que, en el baño de su despacho, le pide a Dios que no le quite su embarazo porque ha decidido votar a favor del aborto; una enfermera que decide asistir por primera vez a una protesta callejera; un estudiante secundario que se anima a reprender en público, cara a cara, al autócrata al que todos temen; un chef que decide ir a votar por primera vez; una heredera que decide romper una tradición y quedarse a estudiar en su país; un grupo de madres que deciden salir a romper todo hasta que las escuchen porque, de tanto perder, ya han perdido hasta el miedo... Eso es algo que no tiene retroceso. De eso trata este libro: del momento en que se abre una grieta en la fachada de normalidad y vemos de qué están hechas nuestras sociedades. Y después ya no es posible dejar de verlo.

JAVIER LAFUENTE y ELIEZER BUDASOFF,
diciembre de 2021

ARGENTINA

Un fuego que se enciende en un momento preciso

Estefanía Pozzo

Su cara está deformada. Un tumor en su maxilar derecho, agresivo, toma cada vez más su rostro. El dolor había empezado en una muela hacía casi un año y fue ese el momento en el que su cuerpo dejó de ser suyo. Es abril de 2007 y Ana María Acevedo está internada en el Hospital Iturraspe de la ciudad de Santa Fe, la capital de una de las provincias más ricas de la Argentina. Ella es de Vera, una pequeña localidad a casi trescientos kilómetros, en una zona más bien pobre, alejada de las bonanzas económicas de la producción agropecuaria de la pampa húmeda. Tiene veinte años, tres hijos —uno de cuatro, otro de dos y un bebé de poco más de un año— y está transitando las últimas semanas de su vida. Su cuerpo está agotado.

Además de la lucha con esa bola que no para de crecer en su cara también lleva todo ese tiempo peleando contra la corporación médica, que le negó un tratamiento oncológico bajo el pretexto de preservar un embarazo que ella no quería. Que había pedido explícitamente que terminaran. Ningún argumento importó: que su vida estaba en riesgo; que esa interrupción del embarazo estaba avalada por la legislación vigente en la Argentina desde 1921; que ya tenía otros tres hijos; que no quería continuar el embarazo; que había rogado

13

que le administrasen el tratamiento contra el cáncer porque quería seguir viviendo; que su madre, Norma Cuevas, y su padre, Aroldo Acevedo, habían golpeado todas las puertas, incluidas las de la Justicia, para que alguien escuchara sus ruegos. Nada fue suficiente.

«Por convicciones religiosas, culturales, en este hospital (y en Santa Fe), no.» Esa fue la respuesta que el Comité de Bioética del Hospital Iturraspe había dejado escrita en su historia clínica el 27 de febrero de 2007, apenas unos meses antes de su muerte, sobre el pedido de aborto terapéutico que hicieron ella y su familia a las autoridades de la institución. Norma Cuevas recuerda esos días con algo de dificultad. Pero hace un esfuerzo y las fechas aparecen. «La historia de Ana es muy larga», dice. En ese momento, Norma no sabía que la historia iba a ser mucho más larga. Que cuando empezó a pelear por la vida de su hija, iba a terminar peleando por los derechos de todas las mujeres del país.

El comienzo de todo fue el 9 de mayo de 2006. Ese día, después de un tiempo con una molestia fuerte en su boca, Ana María hizo una consulta en una sala médica comunitaria de su pueblo. Allí, la odontóloga le extrajo una muela de su maxilar superior derecho: le dijo que tenía una caries y que no había otra alternativa. En esa cirugía, recuerda Norma, «le quebraron la carretilla, el huesito de la carretilla, y eso mismo le cortó tres tejidos, le dijo el doctor cuando la operaron». Como el dolor no se le pasaba, Ana María volvió a ver a la odontóloga. Le prescribieron antibióticos, pero el dolor y las molestias continuaron.

Los cinco meses siguientes fueron el inicio de una lucha más larga contra distintos profesionales de la salud que se extendería hasta el día de su muerte, el 17 de mayo de 2007. El denominador común de todos ellos fue el bloqueo sistemático que ejercieron y que le impidió a Ana María recibir un tratamiento acorde con su voluntad y su padecimiento.

14

Entre mayo y octubre de 2006, la odontóloga de Vera se negó una y otra vez a derivarla a alguna ciudad en la que contaran con la infraestructura necesaria para poder diagnosticar qué estaba pasando, relata Norma. Ana María pasó cinco meses con dolor, sin diagnóstico y con la prescripción de una medicación que no tenía ningún tipo de efecto terapéutico sobre el cáncer que estaba creciendo en su mejilla. Durante los meses que estuvo en Vera, Ana María y su familia pelearon por la derivación a un centro de salud de mayor complejidad. Pero parte del equipo médico se negaba a hacer esa derivación. Uno de los que más se opuso fue José Manuel García, que integraba el consejo de la salita comunitaria de Vera y era a su vez el padre de la odontóloga que la venía atendiendo. Ese hombre terminó procesado en la causa que investiga las responsabilidades de la muerte de Ana María. «Yo la saqué a fuerza de abogado. Tuve que pagar para que la llevaran a Santa Fe», cuenta Norma.

Ana María y su familia vivían en uno de los barrios más humildes de Vera, en una zona de casas construidas por planes del gobierno, cercana al cementerio. A los doce años, después de la escuela primaria, Ana María abandonó el colegio, y a los dieciséis ya había tenido a su primer hijo. «No teníamos cómo mandarla a la escuela; acá vos tenés que tener para la comida todos los días y nosotros no teníamos trabajo. No es como ahora, que te dan tarjeta de mercadería y te ayudan», recuerda Norma. Ana María, como casi el 20 % de las mujeres en la Argentina, trabajaba limpiando casas, uno de los empleos peor remunerados y con menos derechos de toda la economía. La suya era una historia de exclusiones de todo tipo: casi sin educación, sin empleo formal, con hijos que mantener con su propio trabajo y apenas la ayuda de su madre y un pequeño monto de un plan social del gobierno.

El 23 de octubre de 2006, casi seis meses después de la extracción de la muela en Vera, la familia de Ana María finalmente logró que la derivaran al Hospital Cullen en la ciudad de Santa Fe. Allí le diagnosticaron un rabdomiosarcoma alveolar: un tumor en las partes blandas de su boca. El 13 de noviembre, el doctor Alejandro Marozzi la operó y le extrajo un tumor que, en ese momento, tenía un tamaño de 3,5 centímetros sin ramificar. Nueve días después, al sacarle los puntos, el médico le informó que tenía cáncer, que no estaba muy avanzado, y que debía continuar un tratamiento de rayos y quimioterapia. Por ese motivo fue derivada al servicio de Oncología del Hospital Iturraspe, la institución que se convertiría en el lugar de su sentencia definitiva. Allí llegó, junto a su madre, el 23 de noviembre.

–En el Iturraspe la mandaban cada quince días a la casa –cuenta Norma–. Le decían: está todo bien, vení dentro de quince días. Como dos meses pasaron así. Tenía la cara bien operada, lo único que tenían que hacerle era quimio y rayos y ya estaba.

–¿Y cuándo queda embarazada?

–Ella tomaba pastillas, pero cuando estuvo internada en el Hospital Cullen se las sacaron. Cuando ella llegó a Vera se veía con el marido y ahí queda embarazada. Un día le agarró fiebre, la llevé de vuelta al Hospital Iturraspe en Santa Fe y le encontraron un embarazo de quince días. Pero me mandaron de vuelta al otro hospital, al Cullen. Cuando volvimos ahí, fue el doctor que la había operado el que me dijo lo del embarazo.

Después de las idas y vueltas, el 5 de diciembre la revisaron en el Iturraspe y es en ese contexto en el que Ana María le volvió a decir al jefe del servicio de Oncología, César Blajman, que tenía un retraso en su periodo. La mandaron a hacer un examen y el 14 de diciembre se confirmó un embarazo de entre tres y cuatro semanas. Cinco días después la internaron y el equipo hizo un «ateneo» para discutir su caso.

El primero que deja asentada la negativa a brindar algún tipo de tratamiento es Jorge Venazzi, el radiólogo a cargo.

Escribe en la historia clínica de Ana María: «La indicación del tratamiento del rabdomiosarcoma es radioterapia, pero la misma no se puede realizar debido a los altos efectos teratogénicos de la misma, teniendo en cuenta el embarazo de la paciente.» Y, para que no queden dudas, remata con la siguiente frase: «El embarazo es una contraindicación para la realización de la radioterapia.»

La periodista Sonia Tessa, que siguió el caso para uno de los diarios más importantes de la provincia de Santa Fe, tuvo acceso en enero de 2008 al expediente judicial que se abrió tras la denuncia que hicieron Norma y Aroldo por la muerte de Ana María. Allí se incorporaron informes de dos profesionales que aseguraban que había posibilidad de sobrevida si no le hubieran negado a la joven las terapias correspondientes. Oscar Dip, titular de la cátedra de Oncología Clínica de la Universidad Nacional de Rosario, dejó constancia de que «debió aplicarse radioterapia en el primer trimestre de embarazo y quimio en el último», según reconstruyó Tessa en una nota periodística. Y María Guadalupe Pallota, médica integrante de la Sociedad Argentina de Oncología, escribió que el tipo de cáncer que le habían diagnosticado, con un correcto tratamiento, tenía un 70 % de chances de conseguir una sobrevida de cinco años.

La negativa de brindarle a Ana María el tratamiento necesario para su cuadro médico no fue lo peor. El embarazo era tan incipiente que, cuando le hicieron la ecografía, no lograron observar el embrión y la mandaron a repetir el estudio unos días después. Es decir: el equipo médico del Hospital Iturraspe jerarquizó un embarazo cuyos rastros embrionarios ni siquiera podían detectarse aún en los estudios, en detrimento de la vida de Ana María, una persona que ya existía, tenía una vida, una familia y otros hijos que cuidar. Literalmente la trataron como una incubadora.

A partir de ese momento, Norma empezó a insistirles de

17

manera sistemática a los médicos en que interrumpieran el embarazo, así su hija podía recibir el tratamiento oncológico. La negativa del equipo médico del Iturraspe fue doble: no le hicieron a Ana María el aborto que pedía y tampoco le administraron el tratamiento contra el cáncer. Abandonada a su suerte, el tumor comenzó a expandirse de nuevo en su mejilla. Con la llegada de fin de año, Ana María decidió regresar a Vera para compartir las fiestas con sus tres hijos y su familia. No quería estar lejos de ellos. Bajo su propia responsabilidad, la joven firmó un papel en el que aceptaba los riesgos de su alta médica. En el expediente judicial consta que los registros de esa situación son deficientes y que esto se replica en buena parte de su historia clínica. A pesar de la gravedad de su cuadro, los médicos del Iturraspe le dijeron a Ana María que debía volver recién en marzo. Durante todo el tiempo que estuvo fuera del hospital, no le prescribieron ninguna medicación ni tratamiento contra su enfermedad.

El tiempo pasaba. Ni el embarazo ni el cáncer se detenían; seguían tomando su cuerpo. En febrero, un mes antes de lo indicado, Ana María –con su rostro cada vez más deformado– volvió a Santa Fe por los intensos dolores que sentía. El 15 de febrero, ya de regreso en el Hospital Iturraspe, la internaron en la sala de Oncología y, a pesar de volver a pedir la interrupción del embarazo en una interconsulta con Ginecología, se la negaron. Sin embargo, la presión ejercida por Ana María y sus padres fue tal que lograron que el Comité de Bioética del hospital se reuniera para analizar su situación. El 27 de febrero de 2007, alrededor de tres meses después de la derivación al Iturraspe, finalmente estudiaron qué hacer con la joven.

Los argumentos que escribieron en su historia clínica quienes participaron de esa reunión son una muestra de que el desdén por la vida de Ana María no tuvo límites. «El tratamiento indicado para la patología que padece la paciente está contraindicado si se está cursando embarazo, por tanto los médicos tratantes deciden dejar en suspenso la indicación de tratamiento», fue uno de los argumentos. Otro: «Se trata de una patología de mal pronóstico; en este estadio de la enfermedad aún se puede hacer quimioterapia y radioterapia como chance para mejor calidad de vida; otra cirugía está descartada. Pero con el embarazo en curso ambas posibilidades terapéuticas se descartan.» «¿En algún momento se pensó en un aborto terapéutico? Por convicciones, cuestiones religiosas, culturales, en este hospital (y en Santa Fe) no», escribieron.

La angustia de la familia también quedó asentada en el acta de esa reunión de fines de febrero. Dice así: «La familia, los padres, expresan que no se le está haciendo nada. Y en realidad es así, pues se le está tratando el dolor pero no se combate la enfermedad.» Sin embargo, el tratamiento del dolor también fue una lucha para la joven, porque en su historia clínica varios profesionales dejaron asentado su padecimiento físico. Solo le daban ibuprofeno o paracetamol. «Muy dolorida. Desesperación. A la espera de indicación médica», escribió la psicóloga Cecilia Caffaratti el 13 de febrero.

Desesperados, Norma y Aroldo se reunieron con el director del Hospital Iturraspe, el doctor Andrés Ellena, para solicitarle directamente a él que le practiquen el aborto terapéutico a Ana María. El médico los mandó a pedir una orden de un juez, una indicación violatoria de la legislación vigente en la Argentina desde 1921. Expresamente, el Código Penal argentino sancionado a comienzos del siglo XX contemplaba en su artículo 86 dos tipos de abortos «no punibles»: si se hacía con «el fin de evitar un peligro para la vida o la salud de la madre»; y si el embarazo era producto de una violación. En ningún lado decía que hacía falta una orden judicial para llevar adelante la práctica. De vuelta, nada importó.

–Yo iba todos los días desde el Hospital Iturraspe a los tribunales –cuenta Norma–. Caminaba diecinueve cuadras para el lado que sale el sol y para el sur hacía otras veinte cuadras. Solita me iba a los tribunales, me recorría fiscales. Pero nadie me hacía caso. Después me mandaron a la Defensoría del Pueblo. Me decían que sí, que lo iban a hacer a la tarde y nada. Y así me tenían, pero nunca hicieron nada.

El pedido de la familia también consta en el expediente. El 22 de marzo de 2007 lo dejaron asentado expresamente: «Se habla con la familia, padre y madre refieren querer realizar aborto, se habla con el director en presencia de los mismos y se les explica que no se puede realizar de ninguna manera. Familia muy agresiva, amenazando que va a recurrir a la Justicia.»

Entre marzo y el 16 de abril de 2007, Ana María y su familia fueron y volvieron entre Vera y Santa Fe. En todo ese tiempo siguieron peleando con los médicos. Pero el estado de la joven se agravó tanto que, cuando regresó al Hospital Iturraspe, la internaron en la Unidad de Terapia Intensiva y el equipo médico decidió realizarle una cesárea para intentar salvar la vida del feto. Ana María llevaba entre veintidós y veintitrés semanas de gestación de un embarazo de riesgo, porque ya habían detectado que tenía incompatibilidad sanguínea con el feto. Eso mismo ya le había pasado con los tres embarazos anteriores, motivo por el cual ella había solicitado una ligadura tubaria luego del nacimiento del tercero de sus hijos, derecho que también le habían negado.

De nuevo, la historia clínica deja en evidencia la deshumanización total a la que fue sometida: «La paciente se encontraba *pre mortem,* es decir, con marcada insuficiencia respiratoria y falla de órganos.» El 26 de abril de 2007 nació una beba de 495 gramos que solo sobrevivió veinticuatro horas. Luego de eso, alcanzaron a darle a Ana María tres sesiones de quimioterapia, pero se la suspendieron el 4 de mayo porque su cuerpo ya no las toleraba. Murió el 17 de mayo de 2007, a los veinte años.

Norma sabe que la suerte de su hija podría haber sido diferente si hubiera tenido más recursos económicos. Lo dijo claramente cuando participó del debate por la legalización del aborto en 2018 en la Cámara de Diputados de la Nación. «Mi hija no era rica», dijo, y mostró una foto de una casita precaria como prueba. Después, con la dificultad de quien está dando sus primeros pasos en la lectura, recitó un poema. «Mi nombre es Ana. Por haber nacido hembra me condenan, como si fuera delito mi pobreza», decían los primeros versos. Cuando terminó de leerlo se escuchó una larga ovación.

La mamá de Ana María es una de las personas emblemáticas en la lucha por la legalización del aborto en la Argentina. ¿Por qué, si alrededor de tres mil mujeres murieron en la Argentina desde 1983 por complicaciones de abortos, el caso de Ana María Acevedo es tan importante? En primer lugar, porque lo que atravesaron ella y su familia es el ejemplo concreto de las múltiples violaciones de los derechos humanos a las que fueron sometidas durante años las mujeres pobres argentinas. «Las ricas abortan, las pobres mueren.» Y, en segundo lugar, por el rol clave que tuvo el movimiento de mujeres en el acompañamiento de todo el proceso, que llevó la muerte de Ana María a los tribunales pero también consiguió volverla una bandera de lucha.

Lucila Puyol, una de las abogadas de la familia Acevedo, cuenta que ellas, como militantes de la Multisectorial de Mujeres de Santa Fe, se enteraron de la situación que estaba atravesando Ana María por un artículo periodístico. «En abril de 2007 salió un artículo en el diario *El Litoral* de Santa Fe que estaba ilustrado con una foto terrible en la que se veía el papá y la mamá de Ana María y ella en la cama. Ahí dicen que están solos, que no tienen recursos, que se está

21

muriendo. Así que nosotras, en una reunión, decidimos que dos compañeras fueran a verlos. Susana Paradot y Chola Manzur se acercaron y conocieron a Norma y a Ana María en situación terminal. Y fue ahí que empezamos a hablar sobre cómo podíamos acompañarlos», relata.

La nota en el diario *El Litoral* había sido gestionada por los propios padres de Ana María bajo el consejo de su primer abogado, Ulrich Lehmann. Habían llegado a ese hombre porque era el patrón de una prima de Norma, que trabajaba como empleada doméstica en la casa del hombre. Lehmann tuvo reuniones con algunas autoridades de la Iglesia santafesina y fue desplazado por la familia de Ana María porque, según cuenta Norma, estaba dispuesto a realizar un acuerdo económico para no continuar con el juicio por el fallecimiento de la joven. Con el paso de los años, Lehmann se incorporó como militante político en PRO, un partido de derecha, y se convirtió en un activista en contra del aborto.

El rol de la militancia feminista fue clave para posicionar al caso de Ana María a nivel nacional. Este es un aspecto fundamental para entender la victoria del activismo argentino por la legalización del aborto: la construcción de redes y estrategias colectivas fue lo que permitió, a lo largo de décadas, transformar una de las reivindicaciones exclusivamente de las feministas en una verdadera causa de militancia masiva. Fue lo que convirtió un reclamo de un puñado de mujeres en esa «marea verde» que inundó las calles en 2018.

Si la corporación médica había sentenciado a muerte a Ana María con los bloqueos al tratamiento de su cáncer, el Poder Judicial santafesino aún hoy debe la realización del juicio en contra de los profesionales de la salud que no la asistieron. A pesar de esta deuda, cuando murió Ana María —y las abogadas de la Multisectorial de Mujeres de Santa Fe tomaron la representación de la familia–, la estrategia judicial permitió conseguir fallos inéditos hasta ese momento en el país. De nuevo, la militancia cumplió un rol clave para impedir que se consolide la impunidad.

En junio de 2008, apenas un año después del fallecimiento de Ana María, las abogadas Mirtha Manzur, Paula Condrac y Lucila Puyol lograron que un juez correccional de Santa Fe procesara a seis de los médicos intervinientes. Sobre el director del Hospital Iturraspe, Andrés Ellena, y los jefes de los servicios de Oncología y Ginecología de esa misma institución, César Blajman y Raúl Musacchio, pesó el procesamiento más grave, ya que el juez les atribuyó dos delitos: lesiones culposas e incumplimiento de deberes de funcionario público (porque todos eran médicos que atendían en el sistema público de salud). Este último delito también se les atribuyó a los otros tres médicos: Sandra Barbieri, directora de la sala comunitaria de Vera; José Manuel García, integrante del consejo de administración del mismo hospital; y Jorge Venazzi, del servicio de Radioterapia del Iturraspe.

«Cuando salió el procesamiento, pensamos que había sido un procesamiento pobre en relación con lo que habíamos pedido», recuerda Lucía Puyol. Sin embargo, el pesimismo les duró poco, porque ese mismo día las llamó una abogada especialista en derechos sexuales y reproductivos para decirle que era «el primer caso en el país en el que se había procesado a médicos por no cumplir con el aborto legal». «Ahí nos dimos cuenta y empezamos a utilizarlo: impedir un aborto legal podía ser un delito.»

A la par de la causa penal, las abogadas también iniciaron una presentación judicial para que la provincia de Santa Fe reconociera que tenía responsabilidad directa sobre el fallecimiento de Ana María Acevedo. El pedido de disculpas por parte de las autoridades provinciales llegó en octubre de 2015, ocho años y medio después del fallecimiento de Ana María. También le otorgaron a la familia un resarcimiento económico, un reconocimiento fundamental teniendo en cuenta que, debido a la muerte de la joven, la crianza de sus hijos quedó a cargo de los abuelos, es decir, de Norma Cuevas y Aroldo Acevedo.

«A mí me violaron a los catorce años y nunca tuve justicia. Yo hice la denuncia, me llamaron a declarar pero a él nunca lo agarraron, porque disparaba. Y ahora para mi hija tampoco, así que, para mí, parece que no hay justicia en la Argentina», cuenta Norma con una voz inquebrantable.

Si el acceso a un aborto seguro fue durante años una cuestión de clase social, también lo fue (y lo sigue siendo) el acceso a la justicia. La historia de Ana María y su familia hace añicos los argumentos del discurso meritocrático: no es cierto que el éxito solo depende del esfuerzo individual, porque si no se cuenta con los recursos materiales (y simbólicos) necesarios, las trayectorias personales dependen casi exclusivamente de las herramientas que brinda (o que niega) la clase social de esa persona.

Además del empuje de la familia, el éxito de la difusión de la historia de Ana María a nivel nacional está ligado al proceso de consolidación que se estaba produciendo en esos años de la recientemente fundada Campaña Nacional por el Derecho al Aborto Legal, Seguro y Gratuito. Esa organización, una pieza clave en los últimos años de la lucha por la legalización del aborto en la Argentina, había sido lanzada el 28 de mayo de 2005 y dos años después ya estaba haciendo cabildeo legislativo para que se trate un proyecto de legalización en el Congreso.

Hay una historia, sí. Pero también hay una mística, un ambiente, un fuego que se enciende en un momento preciso y no en otro. Es febrero de 2018 y hay una multitud de jóvenes frente al Congreso de la Nación que exige que se trate el proyecto de ley de la Campaña para legalizar el aborto. Es ahora, no hay más tiempo para seguir esperando. Adentro, desde las ventanas, algunos referentes políticos del oficialismo miran con atención lo que pasa en la calle. Saben que, en el juego de fuerzas de la política, las movilizaciones modifican el tablero. Y que, más allá de sus convicciones personales, la militancia por el aborto es una lucha política que logró articular alianzas en todos los partidos. Las mareas no se pueden frenar.

Al igual que los diez años anteriores, las diputadas de distintos espacios políticos que están a favor de la legalización empiezan a comunicarse entre sí. Pero esta vez fundan su propio grupo interpartidario: Las Sororas. Allí no importan las diferencias: el objetivo es llevar al recinto la legalización del aborto forzando una sesión especial el Día Internacional de la Mujer –aprovechando la presión popular por la masiva movilización que se estaba organizando para ese 8 de marzo– y romper así un cerco que la democracia le había puesto al debate desde 1983. Si bien había sido presentado siete veces consecutivas, el proyecto de ley apenas se había discutido una sola vez en una comisión de la Cámara de Diputados, aunque una trampa en la convocatoria había dejado sin quórum la posibilidad de que sea un tratamiento formal del texto. Así que, en lo estrictamente formal, el Congreso argentino se había negado, durante treinta y cuatro años, a la posibilidad de debatir el tema.

El acto de salir a la calle para visibilizar colectivamente una demanda no es patrimonio exclusivo de la Argentina, pero sí es una característica fundamental de la construcción política del país. Los eventos históricos más importantes suceden en la calle, entre cuerpos que se amontonan, hacen muchedumbre y rugen que no van a callarse más, que sus derechos ya no se negocian. Bombos, cantos, bailes, brillos, glitter. La política se transforma en una red de cuerpos que sostienen la demanda. Así, con esa tradición encima, los feminismos argentinos salieron a la calle una vez más. Pero en 2018, además de los años de historia acumulada, sucedió esa magia, esa chispa que unió el grito callejero con la táctica legislativa. Las barreras cayeron frente al avance organizado de las mujeres argentinas.

Diez días después de esa movilización, el presidente Mauricio Macri anunció en la apertura de sesiones ordinarias del Congreso que estaba dispuesto a habilitar el debate. Una pregunta flotó en el ambiente: ¿por qué un presidente conservador, que estaba abiertamente en contra del aborto, se mostraba a favor del debate? Muchas fueron las especulaciones, pero uno de los referentes legislativos de su partido dejó trascender que, al ver la movilización en las calles ese 19 de febrero, le había insistido al presidente para convertir esa demanda en un logro político: el debate era inevitable, habilitarlo era un paso histórico.

El 10 de abril de 2018, en una reunión conjunta de varias comisiones legislativas, la Cámara de Diputados de la Nación inició el debate y, con eso, se abrió la puerta a un proceso irreversible de construcción de legitimidad de la interrupción voluntaria del embarazo. Durante todo el proceso de discusión en la Cámara Baja, que duró quince jornadas de doble turno, pasaron 690 especialistas que argumentaron a favor y en contra de la legalización. Un dato interesante es que un 60 % de las mujeres que expusieron se expresaron a favor del aborto, mientras que el 68,5 % de los varones argumentaron en contra.

En ese proceso de debate, el aborto salió del clóset. Los relatos inundaron las redes sociales: mujeres que habían abortado y nunca lo habían contado, abuelas que por fin podían decir lo que habían atravesado, causas de muertes familiares ocultas en la vergüenza durante años. Hablar, visibilizar, hacer visible una práctica tan estigmatizada fue una especie de sanación colectiva. El aborto se volvió un tema de conversación familiar.

Ofelia Fernández, una estudiante de secundario que se convertiría poco más de un año después en la legisladora más joven de América Latina, tenía dieciocho años cuando le tocó hablar frente a los diputados. Es junio de 2018. Unos meses antes se había hecho conocida porque, como presidenta del centro de estudiantes de uno de los colegios universitarios de la Ciudad de Buenos Aires, lideró una toma del establecimiento en rechazo de una reforma educativa que buscaba implementar pasantías no rentadas en los secundarios. Un canal de televisión conservador envió un móvil y, uno a uno, Ofelia rebatió todos los argumentos que (casi en modo de ataque) un panel de adultos le soltó para cuestionar la decisión de ella y de sus compañeros. Y entonces un periodista, para intentar callarla, la llamó «chiquita». «No, chiquita no me digas», respondió ella. Ese intercambio se volvió viral.

«Lo que se demanda es información: queremos que nos enseñen que la diversidad sexual existe, que nos hablen del ejercicio del placer, que nos introduzcan al mundo de la anticoncepción. ¿Cómo es posible que a cambio se nos ofrezcan oídos sordos, miradas llenas de juicio y órdenes que parecen ineludibles en cuanto a la maternidad? Tienen que hacerse cargo de que todo el vacío que se fundó en su desinterés, fue reemplazado por autogestión. Hemos decidido conquistar nuestra libertad porque ¿cuándo firmamos un contrato diciendo que sí o sí íbamos a querer ser madres? ¿Cuándo mostramos disposición a que el deseo de las instituciones sea más importante que nuestros deseos? Hablamos del derecho al aborto como hablamos del derecho a la libertad y a la decisión. Sobre esto y sobre todo. Tienen que hacerse la idea de que queremos otro tipo de vida y que no podemos seguir muriendo por rechazar la suya», dijo Ofelia, que en ese momento tenía dos años menos que Ana María Acevedo en el momento de su muerte.

Continuó: «Este pañuelo es nuestro uniforme en las escuelas», dijo, y mostró el pedazo de tela verde atada a su cuello. «Estuvimos siempre en las calles, estuvimos cada martes al frente de este Congreso reclamando por lo que nos es propio. Somos las que esperamos en vela el resultado de esta votación porque somos las que abortan. Y ahora les toca a ustedes concedernos la posibilidad de decidir, batallar contra esta opresión y legalizar el aborto en la Argentina. De lo contrario deben ser conscientes de que nos están mandando a morir a su guerra y sin pedirnos permiso. Pero a esta altura deberían saber que tenemos nuestro propio ejército y es el que está en avenida Rivadavia gritando aborto legal», argumentó. La frase final de su exposición quedó retumbando en la sala: «Lo único más grande que el amor a la libertad es el odio a quien te la quita.»

Diez días después, la Cámara de Diputados le dio media sanción a la interrupción legal del embarazo. Los conteos previos daban un resultado ajustado. Todo podía pasar. En la madrugada, cuando parecía que la suerte del proyecto cosechaba un rechazo seguro, un grupo de legisladores de la provincia de La Pampa que se habían expresado en contra anunciaron que iban a votar a favor del proyecto. El resultado fue ajustado ese 2018: 129 a favor, 125 en contra y 1 abstención. Por primera vez en la historia, el debate había llegado al recinto en Diputados, había sido votado y, lo más impactante, había conseguido sortear la primera barrera. Pero faltaba el camino más duro: la Cámara de Senadores.

La lucha por el aborto legal forma parte de un largo linaje político de las mujeres argentinas. Si bien la Campaña por el Derecho al Aborto Legal, Seguro y Gratuito fue clave en la aprobación de la ley, para entender la potencia y la capilaridad de esta organización es necesario rebobinar varias décadas, porque los años de lucha fueron consolidando estrategias y herramientas de construcción política que explican por qué en Argentina se logró derribar, finalmente, el conservadurismo.

La militancia feminista no es nueva en la Argentina. Como en gran parte del mundo, hubo en el país una primera ola de mujeres que, entre fines del siglo XIX y comienzos del XX, lucharon por ampliar los derechos políticos femeninos. Aunque lejano, este es un primer escalón inevitable para reconstruir la historia de militancia por la ampliación de derechos de las mujeres. Sin este hecho fundacional, que fue impulsar el reconocimiento de los derechos de las mujeres a representar y elegir representación política, es imposible pensar la legalización del aborto. Si bien la médica Julieta Lanteri tuvo un rol fundamental a comienzos de siglo, no fue hasta 1947 cuando, con un rol clave de Eva Perón, se consiguió el derecho al voto femenino.

La segunda ola feminista se desarrolló en Argentina a partir de la década de 1970, aunque fue interrumpida por la dictadura genocida en 1976. Según reconstruyó la antropóloga e investigadora Catalina Trebisacce en el libro *Cuando el feminismo era mala palabra,* durante la primera mitad de los setenta «la Ciudad de Buenos Aires fue el escenario para la aparición de varias agrupaciones feministas». «Discutían los mandatos tradicionales en el amor, el sexo y los roles de género», describe la autora.

Karin Grammático, en otro capítulo del mismo libro, plantea que «la última dictadura reforzó el discurso familiarista que establecía una "relación natural", directa e inmediata entre familia y sociedad y lo enlazó con una fuerte retórica biologicista».

Hay algo llamativo en relación con la narrativa de los militares respecto del rol de las mujeres en la sociedad, porque fue ese relato lo que habilitó luego el surgimiento de un actor político que sería clave para su caída: las Madres de Plaza de Mayo. «El poder militar se dirigió a las mujeres a partir de sus roles de amas de casa, esposas y, fundamentalmente, madres [...]. Como madres debían cumplir una tarea tripartita:

cuidadoras, vigilantes y educadoras de sus hijos. Sobre ellas recaía la responsabilidad de velar por la observancia, en los hogares, de los valores "occidentales y cristianos", y evitar que sus hijos quedaran expuestos al "cáncer de la subversión"», reconstruye Grammático. En contraposición, aquellas que no lograron impedir a sus hijos la militancia política que los militares consideraban subversiva (es decir, toda actividad política), no eran consideradas buenas madres. Con los años, terminaron llamándolas «locas».

Fue en ese contexto de represión clandestina y desapariciones forzadas que el 30 de abril de 1977 un grupo de mujeres se reunió en la plaza de Mayo para pedir la aparición con vida de sus hijos e hijas, secuestrados ilegalmente por los militares. La historia es conocida: como la policía no las dejaba permanecer reunidas en un punto fijo, las mujeres decidieron caminar en círculos alrededor de la Pirámide de Mayo, un monumento emplazado en el centro de la plaza y a metros de la Casa Rosada, sede del Poder Ejecutivo argentino. Eso dio origen a las «rondas de los jueves», un acto de resistencia política que continúa vigente en la actualidad.

¿Qué tienen que ver la dictadura y las Madres de Plaza de Mayo con la legalización del aborto? Mucho. En primer lugar, porque las Madres y Abuelas de Plaza de Mayo representan un hito de la militancia política por los derechos humanos y tiene exclusivamente a un grupo de mujeres como protagonistas, muchas de ellas abiertamente identificadas con el feminismo. Ellas conformaron la única resistencia abierta y visible a la dictadura durante varios años, incluso en los periodos más sangrientos de matanzas y secuestros. También hicieron del rol reproductivo, ese estereotipo que definía la condición de mujer, una reivindicación política. Ser madres cambió su historia personal y la historia de la Argentina. Por último, porque el símbolo de la lucha por el aborto legal –el famoso pañuelo verde– se inspiró directamente en el pañuelo blanco de las Madres de Plaza de Mayo. No deja de ser irónico: cuenta la historia que los primeros pañuelos blancos de las Madres fueron hechos con los pañales de tela de sus nietos, hijos e hijas de sus propios hijos desaparecidos.

La vuelta de la democracia en 1983 generó el resurgimiento de las militancias de todo tipo y los feminismos no fueron la excepción. Fue en esta década cuando empezaron a darse los primeros pasos por la legalización del aborto, cuyo proceso terminó con la aprobación de la ley el 30 de diciembre de 2020.

Así como la militancia por el derecho al voto y las primeras organizaciones feministas de comienzos de los setenta sentaron las bases genealógicas de la historia política de las mujeres argentinas, en el camino de la legalización del aborto es posible encontrar –al menos– cuatro hitos históricos claves: la primera marcha organizada por la Multisectorial de la Mujer el 8 de marzo de 1984; el primer Encuentro Nacional de Mujeres realizado en Buenos Aires en mayo de 1986; la conformación de la Comisión por el Derecho al Aborto (Codeab) en marzo de 1988 y la marcha de cierre del Encuentro Nacional de Mujeres en octubre de 2003.

La ebullición política que se vivía a comienzos de los años ochenta también llegó a las agrupaciones feministas. En esos primeros años surgieron varias organizaciones en la Ciudad de Buenos Aires, cuyas integrantes terminaron confluyendo en la fundación, en diciembre de 1983, de un espacio común: la Multisectorial de la Mujer. El objetivo que se propusieron fue organizar una movilización para conmemorar el Día Internacional de la Mujer el 8 de marzo de 1984. Era la primera vez que se realizaría en el país.

Según reconstruyó Mónica Tarducci en *Cuando el feminismo era mala palabra*, la Multisectorial consensuó un documento que remarcó la importancia de conseguir la unidad

31

a pesar de las diferencias, una de las características principales del movimiento feminista argentino y clave en su estrategia de construcción política. Podían existir discusiones, vertientes y trayectorias partidarias distintas, pero la construcción de una agenda de militancia común le daba forma a la potencia y fortaleza colectiva. Aunque difícil y exigente, esta fue una de las características distintivas del movimiento de mujeres de la Argentina que, a pesar de las tensiones, logró mantenerse a lo largo de los años.

Si bien entre los siete puntos de reclamos que lograron acordar para el documento del 8 de marzo de 1984 no se incluyó al aborto, la demanda por la interrupción del embarazo estuvo en los carteles y los cánticos de la militancia en la calle. Tarducci, en una investigación sobre el feminismo porteño de los años ochenta, logró reconstruir uno de los cantos de ese día, que en una de sus partes decía: «Aborto clandestino / no es nuestro camino / legalización / es nuestra decisión.» En el mismo sentido de relevancia histórica, la periodista Mabel Bellucci recuperó una foto icónica de esa movilización: en la imagen se ve a una mujer subiendo unas escalinatas mientras sostiene un cartel pintado a mano con la frase «No a la maternidad. Sí al placer» y, atrás de ella, una multitud frente al Congreso Nacional.

El segundo hito histórico de relevancia fue un evento en el que participaron alrededor de mil mujeres porteñas. Estamos hablando del Primer Encuentro Nacional de Mujeres, que se realizó el 23 de mayo de 1986 en el Centro Cultural San Martín, en la Ciudad de Buenos Aires, y que inició un camino de treinta y cuatro años consecutivos y sin interrupciones (salvo debido a la pandemia) de encuentros anuales de las mujeres argentinas. La experiencia de la Multisectorial de la Mujer dejó como herencia un aspecto fundamental: la construcción de consenso como una de las prácticas políticas características del movimiento.

Es inédito en el mundo: en ningún país se celebra un evento anual comparable al Encuentro Nacional de Mujeres que se hace en la Argentina. Cada año, una multitud de mujeres de todo el país se reúne en alguna ciudad (todos los años rota entre diferentes regiones) y, durante tres días, debaten sobre una gran variedad de temas bajo la modalidad de taller, un mecanismo ideado para que no existan jerarquías y la palabra de cada una sea equiparable a la de cualquier otra. Así, el Encuentro no es de nadie y es de todas al mismo tiempo.

«La interpelación es a las mujeres, a cada una de ellas, a su persona, nadie representa a nadie más que a sí misma», aseguran Amanda Alma y Paula Lorenzo en su libro *Mujeres que se encuentran* (2013). «Esta premisa se vincula a la práctica del movimiento feminista que plantea de esta manera un camino hacia la construcción de la autonomía de las mujeres», remarcan.

Ese 23 de mayo de 1986 las feministas porteñas pusieron una de las piedras basales de la historia del feminismo en el país. Si bien en este Primer Encuentro Nacional de Mujeres no hubo un taller específicamente sobre aborto, sí aparece el reclamo en el de Sexualidad.

El siguiente hito aparece el 8 de marzo de 1988, cuando un grupo de mujeres empezaron a darle forma a la Comisión por el Derecho al Aborto (Codeab). Dora Coledesky, Laura Bonaparte, Safina Newbery, Alicia Schejter, Rosa Farías y Alicia Cacopardo fueron algunas de las iniciadoras del fuego primigenio. Ese mismo año, entre el 11 y el 13 de junio, durante el tercer Encuentro Nacional de Mujeres realizado en Mendoza se plantó una nueva bandera: allí, la reciente Comisión impulsó un taller «autoconvocado» de «Legislación sobre aborto». Surgen de ese intercambio varias conclusiones, pero lo más impactante es que ya en este momento aparece una parte de lo que luego será el lema de la Campaña: «Anticonceptivos para no abortar, aborto legal para no morir.» Ese lema, a su vez, había sido tomado de las feministas italianas. La tarea de la Comisión por el Derecho al Aborto fue central. No solo por el diseño y el armado de una estrategia legislativa para que se apruebe la interrupción voluntaria del embarazo, sino porque produjo una gran cantidad de materiales con información, debates, estadísticas y, sobre todo, permitió construir un discurso sólido con argumentos a favor del aborto. Buscó interpelar el sentido común y disputar la narrativa de la jerarquía católica sobre el tema. Todo ese trabajo quedó plasmado en una publicación que llamaron *Nuevos Aportes,* de la cual llegaron a editar dieciséis números. El primero apareció en 1989.

Tres años después de haber sido fundada, la Comisión logró introducir en las reivindicaciones de la marcha por el Día Internacional de la Mujer de 1991 el reclamo por el derecho al aborto. El documento pedía: «Para terminar con las muertes por aborto clandestino reclamamos despenalización del aborto y legislación que reconozca el derecho de las mujeres para interrumpir el embarazo. Que permita realizarlos en condiciones de asepsia, preservando la salud psicofísica y dignidad de las mujeres, en forma gratuita en hospitales y obras sociales.»

La Comisión funcionó hasta 2008, momento en el cual sus integrantes pasaron a integrar directamente la Campaña Nacional por el Aborto Legal, Seguro y Gratuito. ¿Cómo surge la Campaña? Si bien toda la trayectoria de militancia es fundamental (a la Comisión también hay que sumarle la centralidad de los Encuentros Feministas Latinoamericanos), en 2003 se hizo, en el marco del Encuentro Nacional de Mujeres de Rosario, una asamblea para construir una estrategia legislativa que culmine con la aprobación del aborto. Fue masiva. Si bien la fundación oficial de la organización sería dos años después, este evento fue el antecedente inmediato que posibilitó sacar el reclamo del ámbito de las feministas porteñas y pasar a un armado colectivo y federal, porque se acordó la conformación de una comisión nacional redactora de una ley.

Pero, además de la asamblea y el acuerdo sobre un plan de acción concreto, el cierre de ese Encuentro Nacional de Mujeres fue el escenario en el que debutó el símbolo del aborto legal en la Argentina: el pañuelo verde.

«La ONG Católicas por el Derecho a Decidir (CDD) distribuyó al comenzar la marcha miles y miles de pañuelos de color verde con las consignas "derecho a decidir", "despenalización del aborto", que las mujeres fueron colgándose en el cuello, atándolo a sus cabezas y produciendo así la visibilidad de las miles que tomaron ese reclamo como propio», cuentan Alma y Lorenzo en el libro *Mujeres que se encuentran*. «La idea de lograr el impacto con pañuelos la hemos tomado del impacto que significaron los pañuelos blancos de Madres de Plaza de Mayo», les dijo Marta Alanis, una de las pioneras e integrante de CDD, a las autoras.

El lanzamiento formal de la Campaña Nacional por el Derecho al Aborto Legal, Seguro y Gratuito fue el 28 de mayo de 2005. En una masiva asamblea convocada por Católicas por el Derecho a Decidir en Córdoba, se decidió que durante 2006 se trabajaría en la redacción de un proyecto de ley de legalización. Un año después, el 28 de mayo de 2007, presentaron el proyecto y, en 2008, lograron que 22 diputados y diputadas apoyen con su firma la presentación formal en el Congreso. Eso inició un camino de cabildeo parlamentario que consiguió, con el correr de los años, consolidar los apoyos transversales a todos los partidos políticos. El diálogo fue fundamental: la asociación entre el movimiento de mujeres y las diputadas, que tradujeron el activismo y la militancia en táctica legislativa, permitió lograr el objetivo en 2020.

Además de estos «hitos históricos», hay tres eventos más cercanos en el tiempo que también son fundamentales para entender la legalización del aborto. El surgimiento en 2009 de la organización Lesbianas y Feministas por la Descriminalización del Aborto, el fallo FAL de 2012 de la Corte Suprema de Justicia de la Nación y la masiva movilización por #NiUnaMenos, en 2015.

Lesbianas y Feministas por la descriminalización del aborto fueron quienes impulsaron la popularización del uso del misoprostol como método seguro para interrumpir un embarazo en las primeras doce semanas. Fundaron y atendieron durante años una línea telefónica para brindar información y asistencia para la interrupción de los embarazos, y además editaron el manual *Todo lo que querés saber sobre cómo hacerse un aborto con pastillas*. El eje de su militancia era romper con los mandatos construidos alrededor del aborto, porque para ellas lo importante era que cada persona interrumpiera el embarazo como más le convenga y en el entorno que esa persona decidiera: «En el hospital, en su casa o en la obra social», decían.

En el caso del fallo FAL de 2012, la Corte Suprema argentina indicó qué interpretación debía hacerse del Código Penal, vigente en el país desde 1921. Los jueces precisaron cuáles eran los alcances de las dos causales que permitían los abortos no punibles: en el caso del riesgo para la salud de la persona con capacidad de gestar, precisó que debía tenerse en cuenta su salud integral y no solo el riesgo de vida; y, en segundo lugar, que la interrupción del embarazo no era delito si era producto de una violación. También ordenó que no hacía falta recurrir a la Justicia para solicitar un aborto por causales y que, además, el Ministerio de Salud de la Nación debía dictar un protocolo especial para que el sistema de salud respondiera a este derecho. En los hechos, esto permitió ampliar los criterios de las interrupciones que se solicitaban en los centros de salud.

Y llegó 2015. Nada fue igual después del 3 de junio de ese año. Producto del repudio popular al femicidio de Chiara Páez, una adolescente de catorce años asesinada por su novio, una multitud salió a la calle a decir basta. Basta de violencia contra las mujeres, basta de femicidios, basta de perversidad. En ese grito colectivo estuvo el germen de la masividad del feminismo argentino, impulsado por un grupo de activistas que lograron encauzar la bronca y el dolor en acción política. Esa movilización cambió para siempre el tablero político argentino, porque masificó las consignas feministas, que dejaron de ser demandas de un grupo de mujeres para volverse mayoritarias. Se podía ser feminista a viva voz y, al mismo tiempo, tener la certeza de que expresarlo era lo necesario para visibilizar la multitud de personas dispuestas a cuestionarlo todo para cambiar el mundo. Pero, además, convocó a un sujeto político: las mujeres jóvenes. Fue este empuje fresco el que, junto a la militancia histórica, lo cambió todo. La periodista argentina Luciana Peker le puso el nombre justo: «La revolución de las hijas», escribió.

Este es el origen de la marea verde: la historia, la militancia, el activismo, la calle, el goce, la construcción colectiva, la política, la táctica y la estrategia, la cooperación, el trabajo y el tesón.

El camino por la legalización del aborto no fue siempre esperanzador. Hubo un día en especial en que el mundo se vino abajo. Fue en la madrugada del 9 de agosto de 2018, cuando el Senado argentino votó en contra del aborto legal: 38 en contra, 31 a favor y 2 abstenciones. No fue una sorpresa, los conteos vaticinaban que era muy difícil que se aprobara la iniciativa. El sistema parlamentario de Argentina establece que todos los proyectos deben ser aprobados por las dos cámaras del Congreso. El Senado estaba presidido por la vicepresidenta de la Nación, Gabriela Michetti, una ferviente militante en contra del aborto. Ella fue la encargada de disponer un duro dispositivo de seguridad que blindó el recinto e impidió el cabildeo de último minuto. La sensación era que los senadores estaban solos. El contexto era opresivo. En los pasillos del Congreso se escuchaba la música de la calle y, por la disposición del edificio, esa noche llegaban más claras las demandas de los grupos en contra de la legalización.

La senadora Gladys González recuerda esos días con angustia. Recrea una imagen. Está en el baño de su despacho. Se mira al espejo, se toca la panza e implora: «Por favor no me lo saques. Te pido por favor, no me lo saques.» Los últimos meses fueron difíciles, confusos, tensos. Su fe religiosa la sostiene y, al mismo tiempo, le exige, le demanda que no cuestione el mandato. Pero ella hace tiempo que se pregunta cosas. Se pregunta, por ejemplo, por qué la religión que ella elige debe regular la vida de todo un país. Se pregunta por qué la Iglesia dejó de acompañar a las personas. Se pregunta por la hipocresía. Al mismo tiempo que piensa todo eso, ruega: «No me lo saques, por favor no me lo saques.» Nadie lo sabe, pero está embarazada de nueve semanas y está a minutos de votar a favor de la legalización del aborto.

«En nuestro país, madres pobres mueren porque el Estado aún no ha podido garantizar el pleno acceso a la salud a toda la población», dice en el recinto ese 2018. Y sigue: «Nuestras mujeres pobres madres mueren por falta de controles, mueren por infecciones durante su embarazo, mueren por hemorragias internas, mueren por enfermedades relacionadas con el posparto, mueren por abortos clandestinos. Frente a todas estas causales de muerte, excepto el aborto, el Estado permite que las mujeres se acerquen al sistema de salud. Frente al aborto, no. Está prohibido. Las mujeres ni siquiera pueden acercarse. Y esa es la realidad que yo antes no veía. Lo que no veía era que nos estábamos perdiendo la oportunidad: la de salvar a esa mujer, que pudiendo acercarse al Estado no lo hace porque está prohibido.»

Un mes antes de ese discurso, Gladys había hecho pública una carta en la que contaba que, a raíz de un profundo proceso de reflexión, había decidido acompañar el proyecto de legalización. Nadie lo esperaba: había formado parte del Opus Dei, una organización católica muy conservadora, y se había manifestado en contra. Incluso había votado en contra del matrimonio igualitario en 2010 con el fundamento de defender una institución basal –el matrimonio– para la sociedad y para la Iglesia. Pero la militancia feminista en 2015 había transformado su casa: sus hijas, dos adolescentes, habían cuestionado los mandatos de su fe religiosa y habían acompañado un proceso de revisión de sus propias convicciones que llevaba años. Después de publicar esa carta comenzó a recibir un fuerte hostigamiento e incluso amenazas de muerte. Tuvo que cambiar su número de teléfono.

«Como gran parte de la sociedad, yo también he madurado. Después de este debate, después de todos estos meses y sin traicionar ningún juramento, entendí que frente a la realidad de los abortos clandestinos la única forma de defender las dos vidas es abriendo las puertas de salud a nuestras mujeres», dijo, antes de votar en 2018 de manera afirmativa.

Pero ese día, el rechazo fue inevitable. En uno de los discursos más emocionantes de la noche, el senador Pino Solanas buscó levantar los ánimos. Dijo: «Hoy no es una derrota. Se lo digo a las chicas que están afuera. Este es un triunfo monumental, porque hemos logrado colocar el tema en el debate nacional. Ellas lo han logrado. Ellas. Años de movilizaciones. Un debate fundamental de esta Argentina que siempre fue vanguardia en América Latina de grandes causas que estaban prohibidas. Esto se lo digo a las que están afuera. Que nadie se deje llevar por la cultura de la derrota. Bravo, chicas. Ustedes han levantado alto el honor y la dignidad de las mujeres argentinas. Esta causa, esta noche, tiene un pequeño descanso. Pero en poquitas semanas todas de vuelta de pie, porque si no sale hoy, el año que viene vamos a insistir. Y si no sale el año que viene, insistiremos el otro. Nadie podrá parar a la oleada de la nueva generación. Será ley. Habrá ley contra viento y marea.»

En 2019 hubo elecciones. El presidente Mauricio Macri, acosado por una grave crisis económica, perdió su reelección. El candidato que arrasó en primera vuelta, el abogado Alberto Fernández, siempre había apoyado la legalización del aborto. Llegó a la Casa Rosada el primer presidente abiertamente a favor de aprobar una ley que ampliase los derechos de las personas con capacidad de gestar. ¿Qué cambiaba esto? Mucho. La voluntad política era fundamental, sobre todo porque manifestó su intención de enviar un proyecto propio al Congreso. El mensaje era el siguiente: quien votase en contra, bloqueaba un pedido expreso del presidente de la Nación, la máxima autoridad política del espacio.

Era tan grande la potencia de la militancia feminista que ni una pandemia se iba a interponer entre la demanda y la posibilidad de volver realidad la legalización del aborto. Así, durante la segunda mitad de 2020, la Campaña Nacional por el Derecho al Aborto Legal, Seguro y Gratuito comenzó a tejer estrategias de presión desde la virtualidad, un territorio que la militancia feminista conocía muy bien. Finalmente funcionó: el 17 de noviembre de 2020, casi al filo del año legislativo, el Poder Ejecutivo mandó al Congreso dos proyectos. Uno para legalizar la interrupción voluntaria del embarazo hasta la semana catorce (y luego de eso mantener el aborto por causales que rige desde 1921) y otro para asistir a aquellas personas que tomaran la decisión de continuar el embarazo. El 11 de diciembre a la madrugada, la Cámara de Diputados le dio media sanción a la legalización del aborto

(131 a favor, 117 en contra y 6 abstenciones) y el 30 de diciembre el Senado hizo lo propio (con 38 votos positivos, 29 negativos y 1 abstención).

Casi 33 años después de haber iniciado un camino para construir estrategias legislativas concretas, la conjunción de la historia con la marea verde consiguió el objetivo. Argentina se convirtió así en el sexto país de América Latina –detrás de Cuba, Guyana, Puerto Rico, Guayana Francesa y Uruguay– en contar con una regulación permisiva y respetuosa de los derechos humanos básicos de las personas con capacidad de gestar.

La noche del 30 de diciembre de 2020, otra vez el discurso de Gladys quedó flotando en el aire. Había un dato importante: el aborto llegó al Congreso nacional –tanto en 2018 como su aprobación en 2020– con un Papa argentino en el Vaticano. Al corazón de la Iglesia católica, apostólica y romana fue el discurso de la senadora. Fue en ese momento en el que contó lo que había vivido en 2018: que votó embarazada de nueve semanas y que, dos días después de esa madrugada, perdió el bebé.

«El 10 de agosto de 2018, dos días después de aquella votación, perdí mi embarazo. Y, por un instante, pensé que Dios me había castigado por haber votado a favor de la legalización del aborto. Con mucho dolor me refugié en la oración y entendí que mi pérdida se debía no solo a que tenía cuarenta y cinco años y que mis óvulos eran demasiado débiles para volver a concebir, sino que entendí fundamentalmente que el dios en el que creo no es un dios que castiga, es un dios que ama, es un dios que es amor, que es compasión, que es esperanza. ¿Ustedes creen realmente que es cristiano condenar a las mujeres que deciden interrumpir un embarazo? Yo no lo creo y no quiero hacerlo. No quiero criminalizar a las mujeres que siempre, siempre, están desesperadas, llenas de dudas y de tristeza cada vez que hay una mujer que

41

decide interrumpir un embarazo», decía en un recinto que seguía atento sus palabras llenas de emoción. «Hoy quiero preguntarle a mi Iglesia: ¿no será hora de que hagamos una autocrítica? ¿No será hora de que nos preguntemos por qué tardamos tanto en entender la necesidad y la importancia de la educación sexual? ¿No será hora de preguntarnos por qué nuestras mujeres católicas abortan? ¿No será hora de mirarnos hacia adentro y de preguntarnos qué estamos haciendo mal que el mundo se aleja cada vez más de nuestra fe y elige otras espiritualidades? ¿Por qué queremos imponer por ley algo que no pudimos hacer con nuestras propias enseñanzas religiosas? ¿Por qué queremos imponer castigo y criminalizar con la vara de nuestra religión cuando no pudimos hacerlo con la fe y con la oración con nuestros propios fieles? De ninguna manera podemos querer imponer nuestra moralidad católica a todo el pueblo argentino y mucho menos podemos hacerlo cuando hemos fallado con nuestro propio precepto», dijo.

Afuera, en las calles, una multitud de personas con barbijos esperaban el resultado de la votación. Había llegado el momento. Historia, militancia, calles, persistencia, feminismos, movilización, redes intergeneracionales. Todo había aportado a hacer realidad ese grito callejero: «Nunca más una muerta por aborto clandestino.»

PERÚ

La noche de los perdigones de plomo

Joseph Zárate

> Un día me alejé de casa,
> dejé a mi madre en la puerta
> con su adiós mordiéndome los ojos.
>
> JAVIER HERAUD

1

Varios años antes de morir a manos de la policía mientras intentaba desactivar una bomba lacrimógena, Inti Sotelo creía ver en todos lados el número 14. Un día de 2013, en una hoja de cuaderno, escribió con lapicero azul y apretada caligrafía: «El misterio [...]. El "14" se me presenta repetidamente.» Al mirar el reloj, una puerta, un número de teléfono, la placa de un auto, un letrero en la calle. Obsesionado con la numerología, Inti creía que en los números había una señal por desentrañar, un propósito oculto. En sus cuadernos dibujaba diagramas: al sumar las cifras de su fecha de nacimiento obtenía su «número de misión de vida», el 2: el que construye, el que se manifiesta ante lo injusto. Cada letra de su nombre también tenía una cifra específica, que al sumarlas daba su «número de destino», el 7: ser espiritual, intuitivo, sensible. Guiado por su abuelo Froilán Camargo, cusqueño estudioso de la religiosidad andina, también supo el significado del 14: 1 + 4 = 5. El número sagrado de los incas. Es el *runa*, le dijo su abuelo. La estrella de cinco puntas. El símbolo del ser humano.

Si la adolescencia ya suele vivirse como una pulsión de rebeldía, con esas ganas de incendiar el mundo, quienes lo conocieron cuentan que, a diferencia de la sensatez de Pacha

45

(Tierra), su hermano mayor, y la concentración de Killa (Luna), su hermana melliza, Inti era una fuerza de la naturaleza difícil de encauzar. Cuando acabó el colegio, fuera del hip hop, el inglés y su bicicleta, ni los talleres de metalmecánica ni las clases de panadería ni los cursos de diseño gráfico lo convencían. Se avergonzaba de su nombre; en las clases algunos se burlaban de él porque «Inti» les sonaba minúsculo, frágil, hasta tal punto que obligó a su madre a realizar un trámite legal para llamarse Jordan. Recién en un viaje a las montañas del Cusco, cuando su abuelo le explicó el significado de esa palabra quechua, Inti empezó a creer que su propósito en la vida iba más allá de tener trabajo, novia y plata en el bolsillo.

Quien quiera saber más puede revisar los cuatro álbumes blancos que Killa Sotelo llenó con los papeles que dejó su hermano: pensamientos, dibujos, listas de cosas por hacer, además de fotos de grafitis, recortes periodísticos, mensajes de pésame que llegaron al WhatsApp de Inti, cartas que escribió a su novia, a su madre, mandalas que pintaba para relajarse y tantas fotos suyas que aún pueden verse en su perfil de Facebook: Inti de pie sobre una duna del desierto de Paracas. Inti en una canoa surcando un río amazónico. Inti sentado sobre una piedra con el Machu Picchu de fondo. El logo de Inti's Son Tours, la agencia que iba a iniciar, junto a una carta que se escribió a sí mismo tiempo antes de morir herido por un perdigón de plomo cerca del corazón:

Soy este que aspira cada minuto a la gloria de estar vivo.
Soy al que le gustan los abrazos, que necesita ser contenido.
Soy ese que todo el tiempo necesita decir a la gente que ama que los ama para que no lo olviden.
Soy el que puede todo por el otro sin pedir nada a cambio.
Soy aquel que tiene ansias de libertad, soñar con un mañana diferente, inalcanzable.

Inti significa «sol en su cénit».

A veces, quizá para darle sentido a la tragedia, como cuando muere alguien que amamos, la familia Sotelo Camargo piensa que la noche del sábado 14 de noviembre de 2020 –el 14N– en que Inti salió a protestar al centro de Lima contra el golpe de Estado de Manuel Merino, en una de las marchas más grandes de la historia del Perú, el joven estudiante tal vez vio en esa fecha la señal de algo importante. Es imposible asegurarlo. Lo cierto es que, tras la represión policial de esa noche, que dejó más de doscientos heridos y dos muertos –Jordan Inti Sotelo Camargo, de veinticuatro, y Jack Bryan Pintado Sánchez, de veintidós–, se levantaron altares con flores y se compusieron canciones con sus nombres y se pintaron murales con sus rostros y se editaron libros y documentales sobre sus muertes y se hicieron marchas en su memoria y se les llamó «mártires de la democracia» y «héroes del bicentenario», aunque ahora las familias de los jóvenes asesinados no se sientan del todo cómodas con esas etiquetas. A un año del 14N, esa «patria» que sus hijos defendieron, les sigue negando la justicia.

–Mi hijo tenía un propósito, sí, pero no de morir allí –me dijo Luzdilán Camargo, cincuenta y ocho años, madre de Inti, con su voz serena–. Si ese es el destino de un héroe, de un ciudadano que solo reclama lo justo, no me cabe esa palabra. La agradezco, pero no la acepto.

2

La imagen del derechazo la vio todo el país. Es una ráfaga de apenas dos segundos: el muchacho flaco, de pelos parados y gafas gruesas se abre paso entre reporteros y cámaras de televisión, dirige su puño derecho como un proyectil y lo revienta contra el pómulo izquierdo del congresista Ricardo

Burga, vocero del partido Acción Popular, luego de aprobar la vacancia del presidente Martín Vizcarra.

–Lo siento, pero tenía que hacerlo –dijo el joven que se identificó como Carlos Ezeta, veinticuatro años, mientras unos policías lo metían a empujones en una patrulla para llevarlo a la comisaría. No pertenecía a ningún partido.

Era la noche del 9 de noviembre de 2020. Habían pasado unas horas desde que 105 de los 130 congresistas, usando una interpretación antojadiza de las leyes, votaron a favor de la destitución de Vizcarra por «incapacidad moral permanente» por presuntos actos de corrupción. El presidente del Parlamento, Manuel Merino de Lama, un político casi desconocido y uno de los principales impulsores de la vacancia, se ponía la banda de gobernante.

Era la puñalada final de una serie de jugadas políticas que una facción de congresistas (y los partidos que representan) venían maquinando desde 2016, luego de que Pedro Pablo Kuczynski asumiera la presidencia del Perú con una bancada minoritaria. Las peleas entre el Ejecutivo y el Legislativo desde entonces provocaron la renuncia de Kuczynski en 2018 y la disolución del Congreso (controlado por una mayoría fujimorista) en 2019. Vizcarra convocó a nuevas elecciones parlamentarias, tal vez imaginando que así gobernaría sin amenazas de vacancia, pero se equivocó. Su destitución (y luego el escándalo por haberse vacunado en secreto) sumó su nombre a una lista infame de mandatarios que demuestra por qué la democracia peruana de las últimas tres décadas puede ser precaria, decepcionante, pero jamás aburrida.

Un presidente condenado a veinticinco años de prisión por crímenes de lesa humanidad. Un presidente prófugo en Estados Unidos por recibir 31 millones de dólares en sobornos de una constructora brasileña. Un presidente investigado por corrupción que se pega un balazo en la sien cuando la policía llega a su casa para detenerlo. Un presidente que estuvo en prisión preventiva acusado de recibir dinero ilícito en su campaña. Un presidente que renuncia al cargo al revelarse que intentó comprar votos de parlamentarios para evitar su destitución. «En resumen», dijo en 1888 Manuel Gonzales Prada, poeta anarquista, «hoy el Perú es organismo enfermo: donde se aplica el dedo brota pus.» Esa noche de noviembre de 2020, con la vacancia de Vizcarra y el régimen ilegítimo de Merino, en medio de la crisis más feroz de la historia, con casi dos millones de personas sin empleo y cien mil muertos por causa de la pandemia, la política peruana demostraba que aquella frase escrita ciento treinta años antes tenía una desconcertante actualidad.

De ahí que el puñetazo de un muchacho cualquiera, sin ningún poder, a un congresista de la República, se convertiría para millones de peruanos en un acto de justicia poética: la imagen de cómo un ciudadano común podía castigar a esos dinosaurios en traje que ahora tomaban el control de un Estado en coma para empujar sus intereses personales y obstruir juicios abiertos en su contra: apenas Merino tomó el poder, su gobierno (respaldado por la extrema derecha) y el Congreso (desaprobado por el 90 % de los ciudadanos, según las encuestas) trataron, entre otras cosas, de asaltar el Tribunal Constitucional, censurar el canal estatal y sabotear la ley de reforma universitaria, que tanto fastidia a los empresarios que ven la educación como simple mercancía. A punto de celebrar doscientos años de independencia, los gobernantes del Perú pisoteaban una vez más los derechos de su gente.

Fue el desprecio hacia esa clase política el que, entre el 9 y el 15 de noviembre –los seis días que duró Merino en Palacio–, sacaría a casi tres millones de personas a las calles –un 10 % de la población del país– luego de meses de cuarentena por la emergencia sanitaria. Merino creyó que las protestas iban a terminar en un par de días, pues justo esa semana había un partido de fútbol entre Perú y Chile, pero las plazas solo se iban llenando. Eran, sobre todo, chicos y chicas entre los dieciocho y los veinticuatro años, a quienes la socióloga Noelia Chávez definió como «generación del bicentenario»: universitarios, obreros, k-popers, tiktokers, indígenas, feministas y hasta barristas de fútbol que, pese al humo, los disparos y los cuerpos heridos, expresaban con gritos y pancartas esa rabia colectiva: «Esa rata no es mi presidente», «Lárgate, viejo lesbiano», «Perú, te quiero, por eso te defiendo», «Peruano, desahuévate», «Ni Merino ni Vizcarra», «Vas a caer Congreso ctmr», «Se metieron con la generación equivocada».

Inti Sotelo y Jack Bryan Pintado –dicen quienes los conocieron– sentían la misma rabia la noche en que les dispararon.

3

En su casa a nadie le sorprendió que, desde la noche de la vacancia, Inti saliera a marchar. Como aquel chico del puñetazo, Inti no militaba en ningún partido político, ni participaba en colectivos sociales. Hasta el día de su asesinato, se ganaba la vida vendiendo artículos de ciclismo y como repartidor de Rappi. Por las restricciones de la pandemia ya no podía trabajar como guía turístico y apenas podía seguir sus clases de Turismo en un instituto, la misma carrera que siguió su madre. Viajar por el Perú y enseñar a otros esos lugares, sus culturas, era su verdadera vocación.

Desde los dieciséis ya asistía a diversas manifestaciones con sus hermanos. En 2015 estuvo en la marcha Pulpín (para anular una ley que vulneraba los derechos laborales de los jóvenes) y, años más tarde, en la marcha Ni Una Menos. Ese compromiso social era algo natural para él. Su abuelo Froilán admiraba al Che Guevara y enfrentó los abusos de los

50

militares contra los campesinos de su región. Sus tíos habían sido dirigentes universitarios y su madre, Luzdilán, sufrió el impacto de un perdigón de la policía en el ojo izquierdo durante una protesta en la Plaza de Armas del Cusco. Con veintiséis años, ella viajó a Lima para operarse en el Instituto Nacional de Oftalmología. No pudo salvar su ojo (ahora lleva una prótesis), pero conoció a Salvador Sotelo, optómetra ayacuchano y sobreviviente de la violencia de Sendero Luminoso, que se convirtió en el padre de sus hijos.

–Nunca nos quedamos callados –dirá Pacha Sotelo, veintisiete años, entrenador de fútbol, de ojos achinados y peinado en cresta, similar al que lucía su hermano menor–. Cuando algo no nos parece correcto, ahí estamos, en la calle.

Sus hermanos recuerdan a Inti un día antes de su muerte, sentado en el sofá viendo tutoriales de YouTube donde manifestantes chilenos enseñaban paso a paso cómo sofocar lacrimógenas en botellones de agua con jabón o bicarbonato: tenían la experiencia de haber resistido la represión de los carabineros durante el estallido de 2019, que dejó más de cuatrocientos manifestantes con lesiones oculares. Inti había visto escenas parecidas en las calles de Lima durante la Primera Marcha Nacional, el 12 de noviembre: tropas de uniformados disparando lacrimógenas y perdigones a quemarropa, policías encubiertos realizando arrestos arbitrarios, reporteros atacados mientras trataban de informar lo que ocurría. Un grado de violencia que no se veía en la capital desde el año 2000, durante la Marcha de los Cuatro Suyos contra la dictadura de Alberto Fujimori.

Las autoridades, sin embargo, negaban las agresiones. El entonces primer ministro, Ántero Flores-Aráoz, dinosaurio conservador, agradeció a la policía por su labor. A Inti, ver todo eso lo llenaba de ira.

Por eso la noche del 14N, la Segunda Marcha Nacional, con su mejor amigo Beto (lo llamaremos Beto para protegerlo) alistaron vinagre, bicarbonato, botellas de agua, guantes gruesos de construcción y metieron todo en sus mochilas para unirse a los otros grupos de chicos y chicas que estaban en «la primera línea»: desactivadores y brigadistas de primeros auxilios que cada noche se arriesgaban a ser golpeados, arrestados, atacados con gases y perdigones, y que se habían convertido, para muchos, en un símbolo de resistencia heroica. Antes de salir de casa, Inti escogió una de las cartulinas de colores que Killa había preparado con frases de protesta. «Ya sabía cuál porque él no es suavecito, dice las cosas de frente», cuenta la hermana melliza. A diferencia de sus hermanos, más cautelosos, Inti era intrépido y arrebatado. A veces no medía las consecuencias de sus actos.

En una de las últimas fotos que circularon por redes sociales luego de su muerte, Inti está de pie en la plaza San Martín, la plaza de las protestas en Lima, con sus lentes de medida, su mascarilla con estampados de bicicleta, su casco, su casaca azul, su mochila y en las manos el cartel que un manifestante anónimo, que estuvo cerca de él aquella noche, devolvió a sus padres cuando fueron al hospital a reconocer su cadáver:

PARA EJERCER MI CARRERA ME PIDEN:
CERTIFICADOS, TÍTULO Y MAESTRÍA,
PERO PARA SER PRESIDENTE
BASTA SER CUALQUIER HUEVADA!!

4

Para sus amigos del barrio era Bryan, y solo algunos, de cariño, le decían Bembón. En su casa, era el Enano. Y aunque su padre le había puesto Jack por el protagonista de *Titanic*, a él le gustaba que lo llamaran Jack Sparrow, como el famoso pirata de Hollywood.

Jack Bryan Pintado Sánchez –cuentan quienes lo quisieron– tenía «alma de artista». Tocaba la quena, la flauta y la zampoña todos los días, por toda la casa. También le gustaba el reguetón y el hip hop, y componer letras. Poco antes de morir la noche del 14N, le había contado a su abuela Morayma Sandoval, «su mamá», la mujer que lo había criado desde los tres años, que quería aprender a cantar.

–Era el único que cantaba en el baño. Ahora la casa se ha quedado en silencio.

Óscar Pintado, el padre de Jack Bryan, es un electricista de cuarenta y tres años, más o menos bajo, con peinado raya al medio y el acento cantado de Iquitos, capital de la selva peruana, la misma ciudad donde nació su único hijo.

Hasta antes del 14N, Jack Bryan jamás había asistido a una marcha. De hecho, en casa nunca había mostrado un interés particular por la política o el activismo. Por eso su padre pensó que era una broma de mal gusto cuando le avisaron que había muerto desactivando lacrimógenas en el centro de Lima.

–Ahora me doy cuenta de que no conocía totalmente a mi hijo –reconoce Pintado, sentado en el sofá de su casa de San Martín de Porres, un distrito con más de medio millón de habitantes, el segundo más poblado de Lima–. En mi familia respetamos el espacio y la libertad de cada uno.

Siempre fue muy independiente. Al terminar el colegio, ingresó a la facultad de Derecho de la Universidad César Vallejo («para defender a las personas de las injusticias», le había dicho a su abuela), pero los problemas de dinero en casa lo obligaron a dejar la carrera. Recién en noviembre de 2020 su familia hizo planes para ayudarlo a que volviera a estudiar. Pero mientras ese momento llegaba, Jack Bryan colaboraba con su padre o ganaba lo suyo lavando ropa, limpiando cuartos de hoteles baratos, como ayudante de albañil, mecánico o mozo en restaurantes. Varios de esos *cachuelos* eran desconocidos por su familia. El día del velorio, cuando llegaron algunos de sus compañeros y jefes, recién supieron todo lo que había hecho.

Con zapatillas, buzo plomo, polo negro, un guante grueso azul y unos lentes especiales para protegerse de las lacrimógenas, Jack Bryan salió de casa ese 14N a protestar sin decir nada a su abuela, ni a su prima, ni a su padre. Un amigo que había asistido a las primeras marchas, le había contado lo que ocurría en las calles del centro. Jack Bryan y otros amigos decidieron apoyar como desactivadores. Un día antes, había comentado a su familia que se sentía harto del abuso policial. Su padre había visto en la televisión mujeres asfixiándose por el humo.

—Para mí que eso se le había metido en la cabeza porque era joven y pensaba que tenía que ayudar.

La tarde del 14N, Jack Bryan grabó un video con su celular mientras marchaba por la avenida Paseo de la República. «¡Vamos! ¡Arriba, Perú, carajo!», gritaba.

Horas después, durante el enfrentamiento con la policía en la avenida Abancay, a pocas cuadras del Congreso, diez perdigones de plomo impactaron su cuerpo: dos en el tórax, dos en los brazos, dos en el cuello y cuatro en la cabeza. La necropsia confirma que al menos uno de ellos atravesó su aorta, la arteria principal.

El instante exacto del disparo que lo mató, sin embargo, fue muy difícil de determinar. A diferencia del caso de Inti, que tiene varios testigos directos, fotos y videos de manifestantes sobre el momento de su muerte, en el caso de Jack Bryan había un vacío de información: no habían suficientes imágenes y las cámaras de vigilancia de la zona estaban inoperativas o funcionaban mal. Rosa Laura, periodista de veintisiete años que en ese momento cubría las protestas para el medio digital IDL-Reporteros, fue quien mejor reconstruyó ambos asesinatos. Cuenta que, para el caso de Pintado, tuvo que hacer una convocatoria en Instagram y TikTok para que la gente que estuvo en la zona compartiera registros de ese momento.

—Era importante encontrar esas imágenes para cerrarle la boca a la gente que decía que el proyectil salió de los manifestantes. Jack estuvo en el lugar que era blanco de los policías. Eso queda claro cuando ves los videos.

En uno aparece Jack Bryan a las 8.02 p. m. corriendo hacia la esquina del Centro Comercial El Hueco con la cara ensangrentada, agarrándose el cuello, hasta que cae sobre la pista y un par de jóvenes intentan ayudarlo. Luego unos brigadistas lo ponen en una especie de tela-camilla, lo cargan por cuatro cuadras y lo suben a un taxi *station wagon* blanco rumbo al Hospital Guillermo Almenara. Aunque ya era tarde para salvarlo.

El fotógrafo Juan Mandamiento, de veintiséis años, registró ese intento de rescate. Recuerda que minutos antes él estaba en el suelo, haciendo un esfuerzo por aclarar su visión afectada por el humo –«sientes como si el tiempo se distorsionara, se hiciera más lento»–, cuando ve a Jack Bryan malherido, llegando a la esquina de El Hueco para luego desplomarse. Muy rápido, pese a estar afectado por el gas, Mandamiento hizo una ráfaga de ochenta fotos de aquel joven que agonizaba.

—Cuando sales a cubrir una protesta así, hay algo dentro de ti que se suprime. Y solo registras y registras. Pero luego todo eso que has visto se empoza dentro de ti y te pasa factura.

Mandamiento se lamenta, pues siente que tal vez pudo ayudar a los brigadistas a atender al herido, pero su «instinto periodístico» le decía que ese material que estaba consiguiendo también ayudaría. De hecho, parte de la información que hoy se tiene sobre la muerte de Jack Bryan es gracias a esas imágenes que nadie más pudo obtener con tanta nitidez.

Mientras eso ocurría, en un barrio de San Martín de Porres, su padre y su abuela creían que el muchacho estaba con su enamorada o con sus amigos. Óscar Pintado cuenta que se acercó a la sala donde su madre miraba las noticias sobre la primera víctima, aún no identificada, en la masacre del centro. «Pobre familia, cómo estarán sufriendo», se lamentó. Solo un rato después, por la llamada de una conocida de la abuela Morayma y por un amigo de Jack Bryan que llegó a darles el pésame, la familia supo que el joven ya no volvería a casa.

—Si mi hijo me hubiera comentado, si yo hubiera visto que tenía la intención de ir, probablemente le hubiera dicho que se cuide y le hubiera dado algunas pautas para que se proteja y, seguramente, ahora estaría vivo.

Pintado recuerda que minutos antes de recibir la noticia más triste que puede recibir un padre, acababa de hablar por teléfono con un amigo al que le había dicho: «A Merino no lo van a sacar mientras no haya un muerto.»

—Y mi hijo fue el primero.

5

El altavoz del teléfono de Salvador Sotelo, padre de Inti, estaba activado y todos alcanzaron a escuchar esa voz desconocida:

—Ha llegado cadáver.

Desde hacía varias horas, en casa, los Sotelo Camargo seguían las noticias en la televisión. Para ese momento, sobre las ocho de la noche, ya se había anunciado el primer fallecido en la marcha: Jack Bryan Pintado Sánchez, veintidós años, también desactivador. Los padres de Inti se llenaron de tristeza por aquel joven a quien no conocían y que acababa de morir por el impacto de perdigones de plomo en el cuerpo, pero sobre todo estaban preocupados por sus hijos. Killa ya había vuelto a casa, pero Inti y Pacha seguían fuera, cada uno en puntos diferentes de las movilizaciones. Hasta que un enfermero anónimo, desde el celular de Inti, hizo esa llamada cerca de las diez y todo en sus vidas, dicen, cambió para siempre.

Los recuerdos de las horas siguientes.

Ahí está Killa con sus padres en la puerta tres del Hospital de Emergencias Grau, rogando a un policía que los deje entrar. Y ahí viene Pacha con sus compañeros luego de escapar de las bombas lacrimógenas en la avenida Tacna, rogando que todo se trate de un error. Y ahí llegan las cámaras de un noticiero enfocando a un hombre desconsolado, reclamando a su hijo muerto. Y ese es el cadáver de Inti sobre una camilla metálica de la morgue, con el torso desnudo y el tatuaje de sol en la parte superior izquierda del pecho, perforado por un perdigón de plomo. Y es su padre que, al sentir el cuerpo aún caliente, piensa que sigue vivo y pide ayuda a los enfermeros e intenta reanimarlo dándole respiración boca a boca, negándose a aceptar lo que luego confirmaría un médico forense: *laceración pulmonar más hemitórax y traumatismo torácico abierto, herida penetrante por proyectil de arma de fuego.*

La madre recuerda que, al acercarse a verlo por última vez, Inti movió la cabeza y abrió los ojos.

–Fue su manera de despedirse –me dijo.

O así quiere imaginarlo.

6

La mañana siguiente al 14N, Óscar Pintado, la abuela Morayma y algunos familiares más asistieron a la necropsia de Jack Bryan en la Morgue Central de Lima, pero solo sus abogados entraron a ver el cadáver. Pintado no necesitaba hacerlo. La noche anterior, en ese mismo lugar, ya había verificado que era su hijo.

Entonces, junto con el hermano mayor de Inti, se sentaron en la sala de espera a ver las últimas noticias: tras seis días de aferrarse al cargo, con dos muertos y decenas de heridos a cuestas, ya sin el apoyo de sus aliados políticos ni de los gremios empresariales que días antes habían saludado su designación, Manuel Merino renunció a la presidencia de la República.

Las protestas ciudadanas lo habían conseguido. Fuera de la morgue, en las calles del centro de Lima, se escuchaban bocinazos, ovaciones, aplausos de celebración.

—Pero yo no sabía qué sentir —me dijo Pintado.

Solo recuerda que esa mañana, frente al televisor de aquella sala, nadie celebró.

El día del velorio, luego de vestir el cuerpo de su hijo y colocarlo en un ataúd, los noticieros transmitieron el recorrido que hicieron sus amigos y vecinos por las calles del barrio, en San Martín de Porres. Desde balcones y ventanas lo despedían: «Jack Bryan, ¡presente!» La parroquia Santísimo Redentor, donde él había hecho la primera comunión, se había llenado de chiquillos con velas encendidas, pancartas y flores para el amigo que consideraban «héroe del bicentenario». Carlos Ezeta, el joven del puñetazo, asistió al velorio y abrazó a la abuela Morayma en señal de condolencia.

Unos funcionarios del Ministerio Público también se acercaron a la casa, visita que Pintado recuerda con algo de fastidio.

—Me ofrecieron un puesto de trabajo, pero lo rechacé. No tuvieron tino para hacerlo. Me amargué. Les dije: «¿Tienes hijos? ¿Cuánto vale la vida de tu hijo?»

Desde esos días, después de sepultar a Jack Bryan en Campo Fe de Puente Piedra, un cementerio verdísimo al norte de Lima, Pintado puso todo de su parte para seguir adelante con las investigaciones del asesinato de su hijo, pero cayó en un pozo de aflicción que a veces «lo desconectaba de todo».

–Los psicólogos me decían que no trabajara porque soy electricista y me podía accidentar. Y cuando eres independiente, tus clientes te llaman y no les puedes decir: estoy mal, porque al toque buscan otra persona. Y cuando quieres volver a chambear con ellos, ya tienen otro técnico y perdiste.

A pesar de eso, cuando psicólogos del Ministerio de Salud lo buscaron, no quiso recibirlos. Sentía que no los necesitaba. «Es que he pasado tantas cosas en mi vida, amigo, cosas que te hacen fuerte.» Cierto día un psiquiatra lo visitó. Quiso dejarle una bolsa con pastillas.

–Tal vez querían asegurarse de que yo no me iba a matar y por eso me llamaban. Me dieron muchas pastillas. Nunca me mediqué.

Pero meses después su padre también falleció. Luego se contagió de covid-19 y entonces el estrés lo hizo colapsar. Comenzó a sentir una picazón fuerte, como pellizcones en todo el cuerpo, le quemaba el cuello, se sentía mareado y le ardía y palpitaba «demasiado rápido» el corazón. Parecía tener eso que los médicos llaman «síndrome del corazón roto»: una repentina insuficiencia cardiaca provocada por un impacto emotivo, como la muerte de un ser querido.

–Ahorita me duermo, pensé, y amanezco paralítico.

Hoy, para tranquilizarse, Pintado hace ejercicios, respira hondo varias veces y toma unas pastillas azules «para el estrés» una vez por día. Aunque ahora intenta dejarlas.

–Es que un día va a llegar el juicio por los asesinatos y van a tratar de decir: usted está mal de la cabeza, es que está loco, está *depre,* y van a tratar de agarrarse de cualquier cosita para bajarse el caso.

Por eso Pintado tiene cuidado. Debido a lo doloroso que es recordar una y otra vez los acontecimientos, decidió ser el único en dar entrevistas en su familia. «Ahora yo cargo exclusivamente todo el peso», dice. A su madre Morayma y a su sobrina Shantall les afectaba demasiado recordar al Enano de la casa.

—Y yo entiendo: lo mediático vende, ayuda a presionar, pero a veces quisiera que mi hijo hubiera muerto como un chico más y no habernos envuelto en todo esto. Te cae la prensa, hay que estar detrás de los ministros, de los abogados, y uno pierde esa paz, la privacidad de tu dolor.

También están las mentiras. Cuando los jóvenes salieron a las calles a protestar contra el golpe de Merino, la congresista Martha Chávez, veterana fujimorista, se hizo viral por un comentario suyo en Twitter: calificaba a los manifestantes como vándalos y extremistas vinculados a Sendero Luminoso y al MRTA. El diario *Expreso,* de línea ultraconservadora, afirmaba que Inti y Jack Bryan tenían antecedentes penales y no debían ser reconocidos por su lucha, pues eran «un par de delincuentes».

—¡Hasta me han dicho que mi hijo está en el infierno! —se ríe Pintado—. Para la policía y ciertos políticos ya estamos encasillados. Sales a protestar: terruco. A gente como nosotros nos miran así, gente a la que hay que *canear,* meter presa.

7

En Perú, como en tantos países latinoamericanos, la violencia policial escribe año tras año una historia de impunidad. El 14N fue solo otro capítulo en que la policía mata ciudadanos que ejercen su derecho a la protesta. Un informe de la Coordinadora Nacional de Derechos Humanos advierte que, en los últimos dieciocho años, 159 personas fueron asesinadas en protestas sociales. Ningún policía o funcionario acusado por esas muertes ha recibido sanción. Ni uno solo.

Más del 90 % de esos muertos fueron indígenas y campesinos. Aunque en las protestas de las ciudades el perfil de las víctimas no es muy diferente. Quien revise en profundidad el historial de los heridos en las marchas de 2020 sabrá que quienes estuvieron en la primera línea de las manifestaciones fueron jóvenes como Inti y Jack Bryan: peruanos de los barrios populares, hijos y nietos de migrantes, estudiantes de institutos, de universidades públicas o privadas de bajo costo. Son ellos quienes ponen el cuerpo, los que reciben los disparos de la policía y son sus muertes las que jamás alcanzan justicia.

«Los jóvenes no tienen que morir y dejarnos enseñanzas», escribió el historiador José Carlos Agüero en un ensayo sobre los asesinatos del 14N. Muertes tan injustas, tan absurdas, que al quedar impunes solo se diluyen en el lugar común del heroísmo.

8

Con una mascarilla azul que lleva estampada una foto de su hermano menor, Pacha Sotelo camina junto al cruce del Jirón Lampa y la avenida Nicolás de Piérola donde hace un año Inti recibió el perdigón que lo mató.

—Aquí, en esta esquina, a las 9.47 p. m. le dispararon. Aquí, a las 9.50 p. m., bajo este árbol, se desplomó. Más allá, cerca de esa tienda de impresoras, ¿la ves? Allí, 9.56 p. m., lo cargaron hasta una miniván guinda que pasaba por allí.

Pacha ha repasado en su mente los últimos minutos de vida de Inti tantas veces, aunque al inicio no fue fácil. Con la ayuda de la periodista Rosa Laura, compiló y revisó testimonios de manifestantes y cientos de fotos y horas de videos (capturados con celulares y por las cámaras de vigilancia de la zona) para determinar dónde y cuándo ocurrió la muerte de su hermano. Hallazgos que fueron decisivos para armar el caso judicial.

Gracias a ese trabajo y a las investigaciones del Ministerio Público, ahora se sabe, por ejemplo, que la noche del 14N, Inti y su mejor amigo Beto estaban juntos en la esquina del Jurado Nacional de Elecciones, a unos setenta y cinco metros de las tropas policiales, cuando el disparo de una lacrimógena junto a ellos hizo que Beto se alejara para desactivarla. Se sabe que luego una descarga múltiple de perdigones (de ocho milímetros, especial para cazar venados) resonó: uno impactó en el pecho de Inti, muy cerca de su corazón, y al mismo tiempo otro en la espalda de Jon Cordero, otro joven desactivador, a unos metros delante. Se sabe que, en medio de la confusión de humo, gritos y estruendos, Beto corrió a ayudar a Jon, sin notar que Inti ya era auxiliado por unos brigadistas metros más atrás, en medio del tumulto. Esos y otros cientos de detalles sobre lo que ocurrió durante las marchas aparecen en la denuncia penal contra once altos oficiales de la Policía Nacional y en la denuncia constitucional contra las cabezas de la cadena de mando: Manuel Merino, Ántero Flores-Aráoz (su premier) y Gastón Rodríguez (su ministro del Interior). Se les acusa de homicidio calificado, lesiones graves y abuso de autoridad.

–Pero esa última denuncia está ahí, congelada en el Congreso dirigido por Acción Popular, el partido de Merino –dice Pacha, mientras llegamos a la fachada del edificio de la Corte Superior de Justicia, en el cruce de las avenidas Abancay y Nicolás de Piérola: el epicentro de la represión durante las protestas y el lugar donde Jack Bryan Pintado recibió diez perdigones en el cuerpo.

Hasta hace unos meses, al pie de las rejas de este edificio de veintidós pisos, había un altar con pancartas, arreglos florales, fotos, dibujos y pinturas con las caras de Inti y Jack Bryan y velas encendidas que decenas de ciudadanos dejaban como homenaje a «los caídos». De eso ya no queda nada. Hay reportajes donde se ve cómo miembros de La Resistencia, grupo de ultraderecha vinculado al fujimorismo, llegaban para destruir el memorial y pegar en su lugar propaganda antivacunas o contra el comunismo o gritando que Inti y Jack Bryan eran delincuentes, rojos, terroristas. Los familiares de los muertos y heridos por las marchas cuentan que reconstruyeron el memorial hasta en cuatro ocasiones, solo para que al cabo de unas horas fuera destruido nuevamente.

–Hasta que un día me cansé –me dijo Pacha, convencido de que los vagabundos que merodean esta esquina avisaban a los extremistas a cambio de unas monedas–. Ver eso solo me llenaba de rabia y no vale la pena vivir así.

9

«Como una lata de Red Bull, pesada, de la que salía humo.»

En un informe de la fiscalía, un brigadista del 14N describió así la bomba lacrimógena que impactó su rostro y le rompió tres dientes.

Albert Ñahui, veintidós años, ayacuchano, estudiante de Ciencias de la Comunicación, las recuerda así también. Recuerda la noche del 14N, en el cruce de las avenidas Abancay y Nicolás de Piérola, esquivando y pateando de regreso las lacrimógenas que disparaban los policías «vestidos como Robocop» y aplicando lo que había aprendido en el servicio militar de la Marina de Guerra: si quieres salir ileso de una situación como esta, debes calcular el intervalo de tiempo (cada tres minutos, por ejemplo) en que la tropa aprieta el gatillo. Debes seguir con la mirada la trayectoria de alguna de esas latas ardientes para no ser herido por ella. Debes correr muy rápido al punto donde ha caído y patearla de vuelta a los policías o, mejor aún, sofocarla dentro de un botellón de agua con bicarbonato. Nunca debes tocarte la cara, por supuesto, aunque te queme la piel ese gas asfixiante. Tampoco olvides tirarte boca abajo al piso de cuando en cuando para poder respirar.

Ñahui resistió dos horas así. Dice que vio a varios jóvenes, más inexpertos que él, caer ensangrentados al suelo («tal vez uno de ellos pudo haber sido Bryan, no lo sé»). Hasta que, en medio de la confusión, a las 10.30 p. m., «algo muy duro» impactó su frente. El polo celeste que envolvía su cabeza, lo único que lo protegía, se mojó de inmediato de sangre.

–Quise dar un paso, pero ya no me podía parar. Se me oscurecía la vista, no podía escuchar con claridad, solo zumbidos. Me sentía mareado. Quise dar un paso y casi me voy contra el suelo, entonces lo único que hice fue arrodillarme y alzar mis manos para que me vieran.

Había ido solo a la marcha. Las protestas eran pacíficas en su mayoría, pero en un momento de ira algunos grupos comenzaron a lanzar a las tropas adoquines rotos de las veredas, piedras de los parques y hasta fuegos artificiales. La policía reprimía sin distinguir entre manifestantes pacíficos y quienes no lo eran. Los perdigones reventaban los vidrios de las tiendas y sus pedazos caían encima de la gente que estaba cerca. Algunos jóvenes se protegían con escudos de triplay o cartón, con contenedores de plástico partidos a la mitad, y llevaban banderas del Perú. La escena parecía un *remake* nacional de la película *300* con bajísimo presupuesto.

–Una guerra civil –dice Ñahui–. Y fui por convicción, por el bien de mi país, no por algún partido. Me sentía orgulloso de ver a más gente como yo.

Lo último que recuerda luego del impacto es que unos muchachos lo arrastraron unos metros sobre la pista y luego lo subieron a una camilla. Apenas sacó fuerzas para sacar su teléfono del bolsillo trasero del pantalón y dárselo a un brigadista. Entonces se desvaneció.

Dos semanas después despertó en la cama de un hospital. Todo ese tiempo había estado en coma. Pasó cinco meses y medio hospitalizado, hasta que pudo volver a caminar y hablar como antes. Ahora, bajo la gorra que siempre lleva, tiene una enorme cicatriz en el cuero cabelludo producto de las operaciones. Una placa de titanio cubre la parte de su hueso frontal destrozada por el golpe de la bomba.

—Era un caso tan complejo que los doctores solo esperaban un milagro. No sé qué haces acá, loco, me decían. ¡Mi familia ya estaba preparando mi funeral! —se ríe el joven admirador de Barack Obama y Nelson Mandela, y que alguna vez postuló tres veces sin éxito a la escuela de policías.

Ahora Ñahui («ojos» en quechua) solo ve manchas con su ojo izquierdo (ha perdido el 70 % de la vista) y no puede percibir olores, problema que le causó la última cirugía que corrigió su tabique desviado. Hoy se gana la vida como supervisor de la empresa de transporte de su tío: cuida los camiones, los llena de combustible y entrega facturas. Labores que no exigen mucho esfuerzo físico.

El caso de Ñahui no es el único. Las marchas de la segunda semana de noviembre de 2020 dejaron más de doscientos heridos, entre casos graves y leves, que dan cuenta del uso de armas y municiones letales por parte de la policía. Son cuerpos jóvenes y dañados que, vistos en conjunto, revelan un patrón de conducta que está muy lejos del respeto por los derechos humanos.

Un párrafo del informe del Alto Comisionado de las Naciones Unidas sobre aquel estallido en Perú es más elocuente: «La policía disparó perdigones con escopetas calibre 12 y cartuchos de gas lacrimógeno con escopetas lanzagases directamente contra las multitudes, a corta distancia, sin respetar la forma u orientación adecuada del disparo y, en algunos casos, apuntando a la parte superior de los cuerpos e impactando en la cabeza, cuello y torso de las personas.»

Lo sabe Percy Pérez, por ejemplo, bartender de veintisiete años a quien un policía le disparó un canica de vidrio que le perforó los intestinos y ahora lleva una bolsa especial pegada al abdomen donde almacena sus desechos. O André Rivero, futbolista de veintiuno que sufrió un traumatismo encefalocraneano y quizá no pueda volver a las canchas. O Bryan Pérez, albañil de veintisiete cuyos dedos índice y medio de la mano derecha han sufrido graves fracturas y ya no podrán moverse como antes. O Samuel Giraldo, bailarín de veintitrés a quien el impacto de una bomba lacrimógena destrozó su tibia derecha y hasta hoy no vuelve a su escuela de ballet. O Hans Licera, universitario de veinticinco a quien un proyectil le perforó la rodilla derecha y ya no podrá surfear. O Álex Hilton, de la misma edad, que perdió parte de la visión del ojo derecho por el impacto de una lacrimógena que le dejó una enorme cicatriz. O José Piedra, actor de treinta y tres que por el mismo tipo de disparo ahora tiene el rostro desfigurado y problemas para hablar. O Lucio Suárez, de veintiséis, que recibió dos perdigones en la mano, uno en el rostro y otro que sigue alojado en su cráneo. O Yoel Maylle, músico de veintiocho que perdió un oído tras recibir un impacto en la cabeza. O Jon Cordero, ciclista de veinticuatro que recibió un disparo de proyectil de plomo en la médula espinal. Ahora no siente la pierna izquierda, tiene que usar bastones y una sonda para orinar, ya que tiene dañados los riñones y la vejiga.

La mayoría eran estudiantes, obreros, trabajadores independientes, el pilar económico de sus familias. Varios tienen hijos, hijas. Muchos no habían ido nunca a una marcha.

El recuerdo de Arturo Vilca, cantante de reguetón de veinticuatro años que fue herido por seis perdigones (uno en la cabeza, cuatro en la espalda y uno en el cuello, que dañó sus cuerdas vocales), resume muy bien la brutalidad de la policía la noche del 14N:

«Nunca me voy a olvidar. Yo estaba sangrando, todo el piso estaba lleno de sangre», contó a la fiscalía. «[El policía] me apuntó y me disparó. Quiso eliminarme.»

Su declaración se puede leer en aquel expediente de la denuncia penal de la fiscalía, que en sus 340 páginas incluye testimonios de setenta y ocho manifestantes heridos por perdigones de goma, plomo, canicas de vidrio y bombas lacrimógenas disparadas a quemarropa. Ahí están las evidencias, los partes médicos, los peritajes de balística, los certificados de defunción y las decenas de imágenes de las heridas, de los moretones, de las cicatrices y la sangre.

10

Luego de la renuncia de Merino, Francisco Sagasti, intelectual, exfuncionario del Banco Mundial y congresista del Partido Morado, que votó en contra de la vacancia, juramentó como el nuevo presidente del Perú: el cuarto mandatario en los últimos cuatro años. Como gesto con los deudos del 14N, Sagasti invitó a las familias de Inti y Jack Bryan a su juramentación en el Congreso de la República.

Al principio se negaron a ir, pero sus abogados los convencieron. Las familias recuerdan que los ubicaron en los palcos de honor y que varios congresistas que habían respaldado el régimen de Merino fueron a ofrecerles su pésame.

—Pero mi padre y yo los dejábamos con las manos extendidas —recuerda Pacha Sotelo—. Todo nos parecía una hipocresía.

A casi un año de todo eso, las veintinueve familias afectadas, reunidas en la Asociación de Víctimas y Familiares del 10 al 14N (que incluye a la familia de Jorge Yener Muñoz, diecinueve años, asesinado por la policía con un proyectil de plomo en la cabeza durante el Paro Agrario, en diciembre de 2020), esperan el avance de las investigaciones para procesar a los responsables de la masacre. Pero también esperan las reparaciones por las secuelas de la violencia del Estado.

La gestión de Sagasti creó una Comisión Multisectorial (que reunía, sobre todo, a representantes de varios ministerios) para que atendiera las demandas de reparación y justicia de las víctimas: cobertura total de medicinas, operaciones y terapia psicológica; ayudarles a conseguir un empleo y gestionar becas con universidades e institutos. Hasta ahora quince jóvenes han recibido becas completas o parciales en universidades particulares o institutos. Albert Ñahui, por ejemplo, estudia Comunicaciones. Pacha Sotelo, Psicología. Jon Cordero se prepara en una academia preuniversitaria. Óscar Pintado recibió dos becas de estudio: una para la media hermana de Jack Bryan y otra para él, para estudiar Ingeniería Civil.

–Pero aquí ocurre algo gracioso –me contaría Pintado–. Como no tengo *laptop*, usaba mi celular y hacía las clases por ahí nomás. Hasta que hace poco, en Iquitos, me lo robaron. Perdí la beca por inasistencias.

Salvo esas contadas excepciones, la mayoría de los jóvenes heridos que conocí cuentan que han tenido que pagar sus medicinas y terapias físicas con su propio dinero, y las sesiones psicológicas tampoco han sido constantes. Antes de que la Comisión se desactivara, en junio de 2021, el gobierno de Sagasti decidió dar un «apoyo económico extraordinario» de 40.000 soles (unos 10.000 dólares) a cada una de las familias de Inti y Jack Bryan. Un gesto bienintencionado pero que generó conflictos dentro de la asociación de víctimas.

–Recibir esa ayuda nos chocó bastante porque sabíamos el cargamontón que se venía –cuenta Killa–. Nosotros veníamos luchando por todos los heridos. Pero no dependió de nosotros.

A raíz de eso, cuenta la melliza de Inti, algunos heridos hicieron comentarios en las redes y en reuniones. «Los muertos muertos están, los heridos necesitamos mayor ayuda», llegó a decir uno de ellos, delante de la madre de Inti. Pacha Sotelo, que estaba a cargo de la Asociación, decidió ceder su puesto para evitar los conflictos, pero continuó impulsando colectas para las víctimas, apoyando en todo lugar que puede junto a su hermana. Todos los miembros de la Asociación ya han conversado bastante sobre el tema. Por ahora, dicen, están unidos.

Un día antes de cumplirse un año de la masacre del 14N, mientras en el Centro de Lima había una marcha multitudinaria, el actual presidente de la República, Pedro Castillo, un profesor rural y sindicalista que ganó las elecciones a la candidata de derecha Keiko Fujimori –investigada por lavado de dinero–, decidió activar nuevamente aquella comisión especial para atender las demandas de las víctimas. Ellos no quieren esperar a iniciar el juicio (algo que tomaría años) para recibir las reparaciones económicas. Las necesitan ahora mismo para pagar, sobre todo, sus tratamientos médicos. Saben que los rostros del poder siempre rotan, se intercambian, y piden pasar la página de la historia sin que nadie se haga cargo de sus promesas.

11

Lo que queda de los muertos en los vivos.

Tres días después de sepultarlo en Campo Fe de Huachipa, con su verde gramilla entre los cerros, Killa Sotelo y su madre fueron al cuarto alquilado donde Inti vivía solo, en San Juan de Lurigancho, a recoger sus cosas.

Despegaron de las paredes sus mapas y frases de motivación, guardaron en cajas su globo terráqueo, sus artesanías incaicas, sus libros de historia y geografía, y, como es tradición en su familia, juntaron su ropa, la lavaron y la quemaron en una fogata junto con sus zapatos y otros objetos personales al pie de un cerro, fuera de Lima. Hicieron un «pago a la pachamama»: derramaron vino y cerveza sobre la tierra y sepultaron las cenizas «para que su energía se vaya con él». La BMX negra con la que Inti hacía piruetas ahora la usa Killa. Luzdilán decidió no guardar objetos de su hijo.

–Todo lo suyo lo conservo dentro de mí –me dijo la tarde en que conocí la quinta del jirón Andahuaylas, a unas cuadras del Congreso, donde vive, y que tiene un enorme mural con el rostro de Inti. En una esquina de su pequeña sala me enseñó un altar con un retrato del joven y otro de su padre Froilán, fallecido en 2019, a quien le debe los nombres quechua de sus hijos. Allí vi rosas blancas, azucenas amarillas y un pocillo donde Luzdilán había servido tallarines rojos junto a un vaso de refresco, como acostumbran en el Cusco. Una forma de seguir cuidándolo, me dijo, de tenerlo cerca.

A un año del 14N, sin que los responsables de la muerte de Inti hayan sido siquiera enjuiciados, los Sotelo Camargo intentan recomponer su vida paso a paso, como si intentaran unir los pedazos de un cristal roto. Luzdilán ha vuelto a tejer y vender manualidades, y al igual que Killa, que es psicóloga, también recibe terapia para sobrellevar el duelo. Pacha y su padre, Salvador, no han querido todavía, al igual que Beto, mejor amigo de Inti y quien desactivó lacrimógenas con él la noche de los perdigones.

La familia dice que ya no es el mismo desde entonces. Durante la investigación fiscal, cuando intentaron que testificara, el muchacho de veinticuatro años no hacía más que llorar al recordar. Luego del disparo, en medio del humo y el caos, Beto corrió a buscar a Inti a la esquina donde lo había dejado y al no encontrarlo lo llamó dieciocho veces al celular, sin éxito. Solo cuando volvió a su casa y vio las noticias supo por qué su amigo nunca pudo contestar.

Pacha Sotelo cuenta que la última vez que lo vio, en julio de 2021, mientras simpatizantes del profesor Pedro Castillo esperaban el resultado del sufragio frente al Jurado Nacional de Elecciones, encontró a Beto borracho, solo, en un parque a metros del cruce donde su mejor amigo se desangraba la noche del 14N. Pacha tuvo que cargarlo hasta su casa, mientras este le pedía perdón y repetía: «Él era mi hermano.»

12

En una de las páginas más bellas y lúcidas de *El hijo que perdí,* Ana Izquierdo Vásquez escribió: «Todo duelo consiste en aprender a recordar. Esto no implica perpetuarse en el pasado, sino más bien poder reconciliar la memoria con la ausencia. Aprender a ver una fotografía sin que nos haga daño, mirar el nombre de nuestro hijo sobre una lápida sin derrumbarnos, hablar de él sin que nadie se sienta incómodo. Entender que los recuerdos serán alegres, sombríos y tristes, y que debo asumir esa intensidad de las emociones [...] que la única manera de sobrellevar su pérdida es cruzando el oscuro túnel del dolor.»

Óscar Pintado, padre de Jack Bryan, no ha leído libros sobre el duelo ni le gusta hablar con un psicólogo sobre sus sentimientos, pero intenta, a su modo, cruzar aquel pasadizo sin extraviarse demasiado en su penumbra.

Un viernes por la noche, a días de cumplirse un año del asesinato de su único hijo, fui con él y algunos de los jóvenes heridos en las marchas a tomar unas cervezas. La Antigua Taberna Queirolo, en el centro de Lima, suele ser la parada final de periodistas de diario, oficinistas bohemios, poetas locos y también de universitarios que regresan de las protestas en la plaza San Martín, y que en ese momento estaba tomada por colectivos de ollas comunes y maestros que habían salido a marchar. Pintado y otros miembros de la Asociación de Víctimas y Familiares del 10 al 14N habían pasado toda la tarde cerca de la plaza ante las cámaras de unos reporteros: recordaron la violencia policial y exigían al Estado las reparaciones a sus familias y el castigo a los responsables de sus muertos y heridos. Pronto, anunciaron, vendrían las movilizaciones y las romerías, los plantones y las conferencias de prensa para que el país no olvidara lo que les habían hecho.

Pero ¿cómo quedas luego de contar una y otra vez cómo mataron a tu hijo, cuándo lo viste por última vez, recordar lo que extrañas de él, cómo te sientes ahora?

Las semanas previas al aniversario del 14N comenzaban a ser agotadoras.

Así que, ya en el bar, sin mascarilla, pude ver a Óscar Pintado más relajado. La gorra hacia atrás, su bigote ralo, el lunar de carne a la izquierda de su nariz abultada, su piel cobriza sin el gesto serio de padre de familia que muestra en las entrevistas. Lo vi reír, hacer bromas y contar que, de cuando en cuando, luego de hacer diligencias por el caso, también se junta con Salvador Sotelo, ayacuchano de sesenta años, a tomar unas Pilsen en el club regional donde velaron a Inti. En esas noches se cuentan en qué andan: del negocio que quiere poner uno en Iquitos, de la carrera de Psicología que acaba de terminar el otro, de cómo están sus familias, y, ya cuando las botellas se han acumulado sobre la mesa, recuerdan a sus hijos. Piensan que, de haberse conocido, habrían sido amigos como ellos lo son ahora.

Es demasiado pronto, sin embargo, para decir que han terminado de aceptar esas muertes. Algunas noches, Óscar Pintado todavía siente ese ardor punzante en el pecho o tiene de súbito «pensamientos raros», como cuando le toca cocinar y cuenta las presas del guiso que va a servir para la cena: una para su mamá, una para su sobrina, una para él, una para Jack...

–Entonces me doy cuenta, y me quedo un rato así, paralizado, pensando y pensando...

A veces, cuando sale a alguna reunión, se pone una de las camisas favoritas de su hijo, una camisa negra, manga corta, talla M, con delgadas rayas blancas. Es una de las pocas cosas que conserva de él.

–Así me siento un poco mejor –sonríe Pintado, quien pasará este 14N en Iquitos, recordando a su hijo, lejos de los reflectores de Lima–. Aunque, para serte sincero, lo que quisiera es ver a uno de esos policías y sacarle la mierda a él solo, así, uno con uno –dice y vacía de un sorbo su vaso–. Cada uno tiene su forma de procesar su luto, de seguir adelante.

A esa hora del viernes por la noche, chicos y chicas, algunos con pancartas, entraron al bar y ocuparon las mesas junto a nosotros. Nos quedamos un rato mirándolos. Eran jóvenes, tal vez de la edad de Jack Bryan, tal vez de la edad de Inti, que llegaban sanos y salvos de marchar en la plaza.

COLOMBIA

Con el río a cuestas

Juan Cárdenas

Ni por plata ni por trago

Fiel a cierta tradición del hip hop, las canciones de El Teacher hablan sobre dinero. En sus videoclips aparece por las calles del puerto de Buenaventura presumiendo de lo bien que le va, generalmente rodeado de los mismos cuatro amigos. «Yo no estoy creyendo en gente / no me estoy buscando males para mi corazón / ya sufrí lo suficiente / ahora buscarme los chavos es mi única misión», canta sentado en el capó de un Nissan Qashqai negro, sujetando con displicencia una botella de whisky que funciona como un símbolo de modesta prosperidad. No es, ni mucho menos, la clásica exhibición de poder económico a la que nos tienen acostumbrados los videoclips del género. Nada de autos de lujo, cuerpos engrasados y parafernalia estridente. Los escenarios aquí son las calles sucias y llenas de baches del puerto, solares comidos por la selva, motos de bajo cilindraje y gente abanicándose con dinero de juguete. El Teacher, sin embargo, no pierde ocasión de repetir que las cosas buenas de la vida solo se logran con plata.

Junior Jein, otro artista con una trayectoria amplia y reconocimiento a nivel nacional, aprovechó una entrevista con un medio local para mandarle un mensaje a El Teacher, a quien acusó de tener un ego muy grande. La respuesta no se hizo esperar y El Teacher sorprendió a todo el puerto con una canción que muchos consideraron un gesto insolente, «El regaño», y dice cosas como: «Tú no eres humilde / tú engañas a la sociedad / tu humildad es más falsa / que las nalgas de Nicki Minaj.» En las redes sociales el rifirrafe entre los seguidores de uno y otro duró varias semanas. Junior Jein, también conocido como El Cabaio, no respondió más que a través de un mensaje amistoso en sus redes pero en ningún caso se tomó el trabajo de componer una canción. Eso habría significado poner a El Teacher a su mismo nivel, reconocerlo, no ya como el pupilo que es, sino como un competidor en toda regla.

El que me cuenta toda esta historia y me enseña los videos en su teléfono es Felipe Portocarrero, un joven realizador audiovisual, sociólogo y líder social que lleva años mirando su ciudad con ojos de documentalista. Cree que esa breve rivalidad entre El Cabaio y El Teacher también apunta a una tensión entre las formas del arte comprometido que ha cultivado el primero y la estética de desencanto y consumismo del segundo, una tensión que no es solo musical sino que, según Felipe, se puede palpar en la calle. Muchas de las canciones de El Cabaio denuncian la situación del Pacífico colombiano, hablan de cuestiones raciales, cuentan historias de la gente vulnerable y exponen las heridas del conflicto armado, que se ha cebado especialmente contra esta región que cubre desde la frontera panameña, al norte, hasta Esmeraldas, en los límites con el Ecuador, una región históricamente aislada del resto del país y sometida a una calculada mezcla de abandono estatal, expolio de recursos, devastación medioambiental y, sobre todo, muerte. La muerte y el terror como técnicas de dominación, siempre con la complicidad tácita o explícita del Estado.

El compromiso de El Cabaio iba mucho más allá del arte: lideraba procesos de apoyo a víctimas, se erigió en portavoz de las comunidades del Pacífico y fue un militante de la implementación de los Acuerdos de Paz. El 13 de junio de 2021, cuando bajaba de una camioneta y se disponía a entrar a una discoteca del sur de Cali para presentar su último sencillo, titulado irónicamente «La recompensa», El Cabaio fue abordado por dos hombres que, sin mediar palabra, le dispararon a quemarropa. Murió poco después en una clínica.

Hoy por hoy seguimos sin saber quién mató a Junior Jein, mucho menos conocemos los motivos. Las autoridades han seguido el viejo guión de confusión narrativa, pistas falsas que distraen a los medios y desinformación, como si su trabajo consistiera en oscurecer las tramas para garantizar la impunidad. Algunos especulan con la posibilidad de que el asesinato estuviera ligado a un evento ocurrido meses atrás, cuando cinco niños negros del distrito de Aguablanca fueron torturados y asesinados en un cañaduzal, en hechos que siguen sin aclararse. De inmediato, Junior Jein junto a Nidia Góngora, Alexis Play y Hendrix B, reconocidos artistas del Pacífico, lanzaron «Quién los mató», una canción donde describen lo sucedido con aquellos niños que pasarían a ser conocidos como Los cinco de Llano Verde, en alusión a los terrenos del ingenio de caña donde fueron hallados los cadáveres. Junior Jein, además de participar en la canción y el videoclip (donde, una ironía más, aparece rapeando desde el interior de un ataúd), se comprometió a fondo con las familias de las víctimas y estuvo acompañando de cerca las campañas que se hicieron desde distintas organizaciones sociales para visibilizar el caso.

Otros creen que el asesinato se debió al apoyo explícito de Junior Jein al estallido social de los meses de mayo y junio y, en particular, a su respaldo a los jóvenes de la Primera Línea que organizaron los bloqueos de vías y movilizaciones en los barrios populares de Cali durante el Paro Nacional. Felipe Portocarrero dice que, más allá de quiénes hayan sido los asesinos y sus móviles, la muerte de Junior Jein se sintió como un mensaje de terror lanzado contra quienes participaron en las protestas, lo cual tiene sentido si pensamos en la gran cantidad de videos que circularon durante los días del Paro Nacional en los que se ve a civiles disparando contra los manifestantes en las narices de la policía. Ninguna de las personas identificadas en esos videos ha sido sometida a proceso judicial alguno, así que no es descabellado situar el asesinato de Junior Jein en ese contexto de violencia paraestatal e impunidad.

Uno de los primeros en lamentar la muerte de El Cabaio fue El Teacher, quien, a través de un mensaje en su cuenta de Instagram, reconoció de paso que Junior Jein les abrió cancha a muchos músicos del género urbano y la salsa choque de todo el Pacífico. Me llama la atención que tanto Felipe como El Teacher en su mensaje de condolencias hagan énfasis en el hecho de que Junior Jein nunca perdiera su acento. Felipe me explica que ese es quizá el legado del que todo el pueblo de Buenaventura se siente más orgulloso, que El Cabaio hubiera encontrado la manera de cantar y tirar rimas con la cadencia, la dicción y el léxico callejero del puerto, sin imitar jamás el acento de los cantantes de Puerto Rico o Panamá, cosa habitual en el género.

«De todas maneras», me explica Felipe, «las canciones de artistas como El Teacher, El White o Patio 4, y, en general, todo el *fristaileo* que uno ve en las esquinas, son maneras no violentas de tramitar el conflicto: uno se le va con toda a los contrincantes, pero lo hace con la palabra», dice, «y ese aire como de chulería y confrontación es típico de la música urbana y también tiene que ver con una cosa política de reivindicación nuestra». Por eso Felipe no está tan seguro de que uno pueda trazar una línea muy clara entre la música comprometida con las causas sociales y aquella que tiene una apariencia más hedonista. «En el fondo todos estamos así, cruzados», dice, «entre la necesidad de conseguir los chavos para salir adelante y mantenernos firmes con la gente, con la comunidad.»

Ezra Pound dijo alguna vez que todas las cartas de amor en realidad hablan de dinero. Y si esto es así, ¿de qué hablan en el fondo todas las canciones cuyo tema es la plata? ¿Acaso hablan del amor? ¿A qué le está cantando realmente El Teacher cuando dice que la única forma de ganarse el cariño de la gente es consiguiendo dinero? Vale la pena hacerse estas preguntas, en primer lugar porque los emblemas de poder económico que vemos en los videos son más bien modestos. No hay lujos extravagantes en su estética, lo que en cierto modo matiza el aparente cinismo capitalista de las letras. En segundo lugar porque, como lo han descrito las investigaciones de Michael Taussig, Gerardo Reichel-Dolmatoff o José Antonio Figueroa, las oligarquías mestizas se han encargado por distintos medios de que las comunidades racializadas queden sistemáticamente excluidas de las dinámicas modernas de producción económica. Las personas indígenas o negras del país han sido consideradas ciudadanos de tercera categoría, mano de obra barata o gratis, cuotas de color local, parte de la utilería turística de los paisajes, materia de cuadros de costumbres o pasivos habitantes de una región rica en «tesoros» listos para ser saqueados e incorporados a los mercados globales, de modo que una de las formas de conservar hasta nuestros días esa jerarquía racial y social ha consistido en impedirles el acceso al dinero a esas comunidades. La violencia económica como técnica de consolidación de un antiguo sistema de castas, todo al servicio del expolio de los territorios. Uno de los rasgos más grotescos de esta política de exclusión y violencia económica lo observamos en el mito, popular entre reaccionarios y liberales por igual, de que el dinero *corrompe* la supuesta pureza esencial de negros e indígenas. No es difícil adivinar cuántas imágenes atávicas se funden en ese mito: el Buen Salvaje, por supuesto, pero también la esencialización del Otro, la fantasía de que las comunidades son algo así como un reservorio moral de tradi-

81

ciones y visiones del mundo incontaminadas y que, por ello, deben ser *protegidas* de nuestros demonios occidentales, en particular del dinero.

Le digo a Felipe que me resulta imposible no ver los videos de los artistas de la música urbana de Buenaventura en esa clave histórica de la relación de las comunidades negras con la plata y los mitos racistas asociados a la violencia económica. Felipe saca otra vez su teléfono y me enseña el video de una canción de El Teacher llamada «Ni por plata ni por trago», que se convirtió en un himno durante las últimas elecciones municipales y habla de la necesidad de no vender el voto a los políticos asociados con el narcotráfico. «Los últimos cuatro alcaldes de la ciudad salieron derechito pa' la cárcel», dice Felipe, «acusados de corrupción. Por eso la comunidad se organizó, nos paramos duro, sacamos un candidato que venía del propio movimiento social, de lo que fue el Paro Cívico y ganamos la alcaldía.» Luego insiste en lo importante que fue la canción de El Teacher para esa campaña y remata: «Nosotros no estamos en contra del desarrollo ni del progreso económico; lo que no queremos es que vengan siempre de afuera a aplastar a la gente cada vez que traen un megaproyecto.»

Felipe me cuenta que le gustaría hacer un documental sobre ese proceso electoral que fue, me dice, un triunfo de la gente de Buenaventura. «Ya hicieron una película sobre el Paro Cívico, que no está tan mal, pero el problema es que la hizo una gente de afuera, gente del centro», se lamenta Felipe, «y lo bueno sería que esa película la hiciéramos nosotros mismos, aquí en la periferia.»

Cuando le pregunto a qué se refiere cuando dice «el centro» se queda pensando y responde vagamente: Cali, Bogotá, Medellín. Pero yo sé que en el fondo está pensando: el centro sos vos, manito. Sos vos. Aunque yo no sea el centro, claro, da igual, aunque yo también, en mis propios términos, me considere un sujeto de la periferia, Felipe me percibe como un agente ambiguo que proviene de esa zona de poder aplastante a la que él llama así, el centro. Porque sucede que las periferias también tienen centros, incluso aquí, en el interior de Buenaventura.

Sanxing (las tres estrellas)

Me despido de Felipe en la puerta del Hotel Estación. Antes de esconder el rostro dentro del casco, ya subido en una moto de bajo cilindraje, Felipe mira con desconfianza hacia los edificios aledaños custodiados por la Armada Nacional; sobre todo lanza un gesto raro hacia la entrada de las instalaciones portuarias. «Aquí es donde está la calentura», dice, «aunque parezca que no.» Lo veo alejarse en su moto y me quedo con una sensación de soledad y desorientación tan enorme que me pongo a caminar sin rumbo y acabo dando vueltas por el malecón.

Vengo al puerto desde que era un niño. Aquí tengo mis primeros recuerdos del mar, los arquetipos, podríamos decir, asociados a una cierta idea del mar en esta zona de los tristes trópicos: el olor salobre, los aguaceros impredecibles, las aglomeraciones de casas de patas largas como arañas gigantes, el clavado emocionante de los pelícanos, el trasiego de los cangrejos en la arena del manglar, el desfile de un carguero gigantesco llegando a la bahía. Y la gente. La gente conversando de una acera a otra, los hombres concentrados que juegan al dominó, las risas y las entonaciones que dibujan en el aire un patrón musical de golpes graves terminados en una curva ascendente de agudos. Para mí el mar son también todas estas voces que se enredan por la calle, la charla de dos viejos vestidos de blanco impoluto en una esquina, el intercambio de opiniones y pareceres en los puestos del mercado, los platones de aluminio rebosantes de muchillas y piajuiles, el brillo lunar de las canoas que traen la pesca de la madrugada. Una proyección romántica, de postal, dirán algunos, y no les faltaría razón si no fuera porque yo sé, desde muy pequeño también, que todas esas imágenes amadas flotan sobre una historia espesa, por momentos atroz, cargada de muerte. Aquí es imposible separar lo hermoso de lo terrible y si tiras de un hilo de belleza acabarás jalando tres hilos más de tragedia. Y al revés también: al tirar de las trenzas del horror uno termina sacando hebras de luz y color. Para mí el mar no tiene nada que ver con broncearse en una playa mientras un camarero te suministra cócteles servidos dentro de un coco. Para mí fue siempre levantarse muy temprano y aprovechar la marea baja para caminar de Juanchaco a Ladrilleros al pie de los acantilados, recogiendo conchas y devolviendo al agua los pececitos vivos atrapados en la arena, viendo cómo el elixir oscuro que baja por los esteros arrastrando sedimentos antiguos se une al verdor de un océano que azota la orilla con una furia inmemorial. El mar eran también los cuentos de espantos y aparecidos que les oíamos contar a los mayores a la sombra de una ceiba, en un tiempo perdido en que por aquí no había turistas sino solo visitantes, gente que venía de paso, por un tiempo corto y sin mucho ánimo de joder a nadie. Curiosos, despistados, fugitivos o, como en el caso de mis padres, jóvenes revolucionarios que andaban por aquí tratando de alborotar a las masas con la excusa de montar un proyecto de salud para mujeres. Para mí el mar era salir a buscar aventuras con los niños de La Barra mientras mis viejos estaban metidos en alguna reunión con la comunidad. Era volver cubierto de lodo hasta las orejas a las cinco de la tarde después de haber pasado todo el día jugando por ahí, entre la playa y el manglar, nadando en alguna charca profunda del estero, los niños revueltos con los perros, chapoteando y dando alaridos que se apagaban pronto entre las ramas altas de los árboles. Y el mar era también aprender a reconocer el peligro, sus múltiples caras, la serpiente que se sumerge en el espejo oscuro de una quebrada, el lanchero sospechoso que te invita a subirte a su panga, el arrastre vespertino y traicionero de la pleamar, la espina finísima que se atasca en la garganta, el paisa borracho que nos vendía bolis de frutas medio derretidos en una tienda con estanterías de madera llenas de enlatados y frascos de conservas, seguramente vencidas.

Camino por el malecón y a ratos me da la impresión de que soy invisible o que al menos nadie quiere mirarme, transparente a los ojos de los cientos de personas que se reúnen aquí, muchos sin tapabocas a pesar de que la cifra de contagios y muertes alcanzó niveles máximos desde el inicio de la pandemia. Bajo el cielo plomizo, entre los puestos de comida, los bares y los voceadores del muelle de pasajeros, cunde una atmósfera de alegría sin tropiezos. Ni siquiera la lluvia menuda parece perturbar el disfrute de los pequeños círculos de bebedores de cerveza. Los niños corretean entre las piernas de los adultos. Las parejas se besan en las bancas frente a la orilla de la bahía. Algunos posan y se toman selfies delante de unas estatuas de mármol macizo que bien podrían servir de decoración en una película de kung-fu. Me acerco a curiosear y le pregunto a un fotógrafo que parece custodiar las figuras mientras ofrece sus servicios a los turistas. El tipo, un señor muy flaco, mestizo, con el pelo teñido, me cuenta que las estatuas fueron halladas en unos predios de la Armada Nacional hace unos meses. Estaban cubiertas de maleza y al parecer tienen más de cien años, aunque nadie sabe cómo llegaron aquí. Buenaventura alberga una de las colonias de ciudadanos chinos más grandes y antiguas del país. Pero quién mandó traer las estatuas de China y por qué acabaron extraviadas, nadie lo sabe. «Todos pensaban que eran imágenes de Buda», dice el señor, «pero yo hice mi investigación en internet y no, no son budas, son unos dioses conocidos como los tres sabios o las tres estrellas y sirven para mejorar la buena suerte. Se

85

usan mucho en el feng shui, ¿usted sabe lo que es el feng shui?» Asiento sin mucha convicción. «Es esa vaina que usan los chinos para saber dónde colocar los muebles dentro de una casa», continúa el fotógrafo, «pero estos tres son especiales porque sirven para corregir los espacios donde no hay salud, riqueza o prosperidad.»

El señor se ríe con una risa medio jocosa, medio melancólica, y dice que la suerte de Buenaventura va a cambiar con el hallazgo de estas estatuas. «Yo creo en el feng shui», dice, «porque es como tomar fotos: uno tiene que ver dónde va cada cosa en un encuadre para que la foto salga bien bonita y a veces la prosperidad de un hogar solo depende de saber cómo y dónde colocar los muebles, es una cuestión de orden. El orden hace magia.»

Deidades de la tradición china conocidas como Sanxing (tres estrellas), fotografiadas en el malecón de Buenaventura.

La maestra

–Bueno, me presento: mi nombre es María Miyela Riascos Riascos. Soy una mujer de la zona rural del distrito de Buenaventura, de la cuenca del río Anchicayá, uno de los pedacitos del cielo en la tierra. Salí de allá en calidad de desplazamiento forzado en el año 2000 y desde entonces me encuentro instalada en la zona urbana de Buenaventura. Formo parte de varios procesos sociales, pertenezco a la Fundación Socioambiental Amigos del Río Anchicayá y la Biodiversidad del Litoral Pacífico, ARIBÍ, una fundación construida por mi grupo familiar, montada por mis hijos y yo. Lo que buscamos es trabajar con las personas en situación de desplazamiento para organizar el retorno a los territorios. No ha sido fácil. Lo estamos intentando desde la primera masacre. Ya van cuatro masacres y no hemos conseguido que la gente vuelva. Trabajo también en la Pastoral Social. Hago parte del equipo desde el 2007 y siempre he estado coordinando procesos de cara a la comunidad, con consejos comunitarios y cabildos indígenas. También soy parte del Movimiento del Paro Cívico, para vivir con paz y dignidad en el territorio. Hago parte del comité ejecutivo y de la mesa de derechos humanos... Sí, ya sé, me toca administrar el tiempo entre tanta cosa. Las reuniones del Paro Cívico las hacemos de noche, después de las seis porque la mayoría estamos trabajando y tenemos que ganarnos la vida por otro lado. Y ahora en pandemia, obviamente, nos ha tocado meterle duro al trabajo virtual, entonces las reuniones se citan a cualquier hora. Ha tocado adaptarse poco a poco a esa situación...

»Ahora bien, no se puede hablar del Paro Nacional, de eso que andan llamando dizque el estallido social, no se puede hablar de lo que ha pasado en Cali sin hablar del Paro Cívico de Buenaventura, que es un antecedente de todo lo que vimos en los últimos meses. Fíjese que hasta los cánticos de

87

las movilizaciones son los que nos inventamos acá. *El pueblo no se rinde, carajo.* La única ventaja que tuvimos nosotros durante el Paro Nacional, ahorita en mayo y junio, fue que el alcalde es nuestro. Es un alcalde que salió del movimiento social, entonces él no dejó que sacaran al ESMAD [policía antidisturbios]. Desafortunadamente, aquí tenemos una larga historia con ellos..., sí, con el ESMAD. El cuarto día del Paro Cívico de 2017 esa fue la respuesta del Estado colombiano, así reaccionó el gobierno del presidente Juan Manuel Santos, mandándonos a golpear. Y este año, durante el Paro Nacional, todo iba bien, la movilización era completamente pacífica, hasta el 19 de mayo, que hubo unos disturbios, algunos saqueos y actos de vandalismo. Pero hay que decir que todo fue culpa del ESMAD, que llegó de una a golpearnos. La gente respondió con rabia y es normal porque ya han visto de lo que son capaces esos tipos. El alcalde intervino para sacarlos de la calle y todo volvió a la normalidad, nada de disturbios ni saqueos. A nosotros lo que nos enerva es eso, el ESMAD y las tractomulas. Porque cómo es esa vaina de que estamos en un paro y mandan a la policía y al ESMAD para custodiar exclusivamente los camiones que sacan la carga por el puerto. Eso es lo único que les importa: que la mercancía circule, el negocio. Nosotros no les importamos, nunca les hemos importado. Nosotros más bien estorbamos para esa mirada neoliberal y para ese modelo de desarrollo que han impuesto en el mundo entero y en Buenaventura. Una cosa que nos ha hecho mucho daño es esta economía de enclave, esta economía de saqueo, que llega nomás y saca su usufructo de nuestros recursos naturales y se van. Pero aquí la inversión no se ve. Se aprovechan de un territorio solo para llenarse de plata, mientras la comunidad va para abajo, en decadencia. Y por eso se ve este contraste tan terrible: toda esa riqueza que entra por aquí y a nosotros nos dejan en el papel de simples mirones. Somos los que vemos pasar los camiones y los containers, nada más. No vemos un peso, no vemos una sola mejora en la ciudad, en los servicios básicos, nada. Y encima nos matan. El año pasado me invitaron a Vancouver, en la costa pacífica de Canadá, a contar lo que estamos haciendo aquí con las organizaciones sociales. Y duele compararnos porque este puerto de aquí no tiene nada que envidiarle tecnológicamente al puerto de Vancouver. La gran diferencia está en cómo vive la gente allá y cómo vivimos acá. Allá invierten en la gente, en la comunidad. Acá, no. Y lo más triste es que aquí se ufanan: tenemos dizque no sé cuántos miles de millones para invertir en el puerto. Y va uno a ver en qué se gastan la plata y a la final todo va para la carretera y para la policía, en la vigilancia de las cargas y pare de contar. Mire: el Pacífico colombiano es una de las regiones más biodiversas del mundo. Y cómo es posible que nosotros aquí, con nueve cuencas hidrográficas, muchos no tengan ni siquiera agua potable en sus casas. ¡No tenemos agua! ¡Y estamos rodeados de agua! Y dígame usted, con un territorio tan diverso, con todas las plantas que tenemos, medicinales, forrajeras, decorativas, maderables, alimenticias, cómo es posible que la educación no esté pensada para hacer un uso racional, sostenible, responsable de esos recursos, para que podamos aprovecharlos y vivir en dignidad. La educación, tristemente, está solo pensada para mecanizar la vida y para cosas que tienen que ver con la Sociedad Portuaria. Y vea: los pocos de Buenaventura que consiguen trabajo allí es en cargos de tercera o cuarta categoría. Los mejores empleos que genera la Sociedad Portuaria, en los terminales, por ejemplo, los puestos buenos de verdad, solo se los dan a gente de afuera. Gente de Pereira, de Cali, de Buga, de Popayán. Los de aquí solo consiguen el trabajo de carga, que es el peor trabajo porque ni siquiera cumplen la legislación laboral. No les pagan ni la seguridad social. Uno indaga un poco y se da cuenta de las aberraciones que cometen allí en el puerto. Le voy a dar un ejemplo. Es algo que vienen haciendo hace años pero ahora con la pandemia ha empeorado porque la gente está más necesitada. Anuncian que se van a necesitar brazos para descargar, póngale usted, el buque que llega a la una de la madrugada. Y como casi todas esas personas viven en barrios que ahorita están en una situación muy conflictiva por los grupos armados, tienen que salir de su casa a las seis de la tarde, antes de que oscurezca. Se tienen que quedar allá esperando, a la intemperie, hasta la una de la mañana y trabajan hasta las cinco. No les reconocen sino las horas que pasaron descargando. Se ganan a lo sumo doscientos, trescientos mil pesos quincenales [menos de cien dólares] y con eso tienen que pagar hasta su seguridad social y no les sobra casi nada...

»Por eso nos organizamos, por eso estamos haciendo toda esta articulación entre distintos sectores, como parte del Paro Nacional y como comité del Paro Cívico. Porque estamos convencidos..., estamos convencidos de que nadie de afuera va a venir a arreglarnos la situación, menos a hacer lo que nos corresponde hacer a nosotros. Pero también sabemos que hay un desconocimiento histórico de unos derechos, unas responsabilidades institucionales del Estado hacia nosotros como comunidades y en ese sentido estamos obligados a seguir ejerciendo la protesta pacífica, cívica, social y legítima. Y ahí es donde viene el tema de la seguridad, que siempre lo estamos monitoreando, porque desafortunadamente todos estamos amenazados. La vida de nosotros cambió totalmente. Y bueno, del Paro para acá nos han asesinado a varios compañeros. Nos mataron a don Temis, compañero de la mesa de territorio. Hay otro compañero, Carlos Tobar, de la mesa de acceso a la justicia, lo agarraron en su casa y le dispararon seis tiros. Afortunadamente quedó vivo y se está recuperando. La persecución ha sido terrible. Y uno ya no sabe ni para dónde mirar, las amenazas asoman de cualquier parte. Muchas veces las infiltraciones en el movimiento vienen de la propia gente encargada de cuidarlo a uno, de los escoltas de la UNP [Unidad Nacional de Protección]. Se ha vuelto un desgaste. En lugar de ser un alivio, una tranquilidad, es un desgaste. Para no ir más lejos, yo tenía otro hombre de protección, distinto a estos que están ahí afuerita. Y él venía bien, cumpliendo con su trabajo o aparentemente venía bien, pues, haciendo lo que le tocaba, con la mayor cordialidad, todo normal. Pero el 22 de febrero de este año yo hice una denuncia porque cuando la comunidad internacional le pidió al Estado colombiano que demostrara cómo están protegiendo a los líderes de Buenaventura, ya se imaginará, los del gobierno se dedicaron a mostrar unas cifras que pintaban todo maravilloso y a hacer alarde de la cantidad de recursos que invertían en nuestra protección. Nosotros tuvimos conocimiento de eso y en una reunión yo les reclamé, les dije que no estamos dispuestos a que con nuestros nombres estén justificando unas platas que a la larga no se gastan con nosotros. Según ellos, lo que invierten en mí son dizque 25 millones de pesos mensuales, pero eso es mentira: yo solo recibo 550.000 para combustible y un carro destartalado que se la pasa en el taller, con lo cual mi movilidad queda reducida buena parte del mes y mi ejercicio de liderazgo también. Y justamente uno de los atentados que hicieron contra mí consistió en cortarle los frenos al carro. Eso fue delante de un banco, así que yo les dije que revisaran las cámaras de seguridad; luego una conocida me informó que la policía misma se había encargado de borrar los videos para que no quedara ninguna prueba. Entonces eso fue lo que yo denuncié en la fiscalía. Y fui muy ingenua, claro. Yo a veces me paso de ingenua. Porque nosotros sabemos: en la fiscalía son unos corruptos. Uno pone una denuncia en la fiscalía y nomás sale de ahí ya lo agarran los asesinos en la esquina y le dicen: tenés tantas horas para irte o te matamos. Por esos días además nosotros nos fuimos a los barrios para decirle a la gente que denunciara los atropellos del ESMAD y luego supimos que hombres de la Sijín [policía judicial] andaban ofreciendo plata para que les dieran los nombres de los líderes y lideresas que animaban a la gente a denunciar. A los poquitos días todos los de la mesa de derechos humanos del Comité del Paro empezamos a notar que unos tipos raros, con pinta de policías de paisano, en unas motos sin placa, andaban por ahí rondando nuestras casas. Ahí ya empezamos a notar la persecución. Y lo mismo pasaba aquí en la sede de la Pastoral Social, asediada a toda hora por esos tipos. Al final, pues, la gente se animó a hacer las denuncias, los convencimos a casi todos y nosotros desde la mesa de derechos humanos organizamos unas jornadas para que la atención institucional fuera integral. Mandaron a una gente de Buga, dizque para que todo fuera más confiable, gente supuestamente neutral. Cuando llegaron nos salieron con el cuento de que no tenían suficientes computadores, que porque había llegado más personal del que habían solicitado. Yo les dije que no había problema, que utilizaran mi computador y ahí estuvieron, todo el día usando mi aparato, cuando a las 8.23 de la noche dijeron que habían sufrido un ataque cibernético y que todo lo que yo tenía en mi máquina, o sea, lo que vendría a ser el registro minucioso de las reuniones que hicimos durante los días del Paro, todo se había borrado. Eso sí me pasó por ingenua, la verdad. Pero tampoco fue mucho el daño que me hicieron porque yo tengo respaldos de todo. No pudieron borrar prácticamente nada. Esa sí les salió chueca y yo fui precavida. Tengo todo guardado: los videos donde se ve a los soldados abriendo los centros comerciales para que los saquearan, los videos donde se ve a los aviones gaseando y disparándole a la gente, los videos de la policía haciendo todas las cosas horribles que hicieron en esos días. A ellos no les conviene que nosotros tengamos esa evidencia, claro, pero,

como le digo, no fue mucho lo que pudieron borrarme. Total, que yo hice la denuncia ante la fiscalía contándoles lo
que ellos mismos me habían hecho. Una denuncia con todas
las de la ley, sin omitir un solo detalle. Desde entonces el
asedio ha sido permanente y ya empezaron a acosar también
a mi familia. Hace un par de meses le pegaron cuatro disparos al techo de la casa de mi hijo. Y el jueves de la semana
pasada le quitaron la moto. Esta vez sí fueron unos tipos de
grupos armados, llegaron directamente a su casa y le quitaron la moto, pero como esto es todo tan corrupto y uno no
sabe quién está aliado con quién, yo no descarto que ese acoso contra mi hijo forme parte de las amenazas contra mí.

»Hasta ese 22 de febrero, cuando hicimos las denuncias
ante la fiscalía, el escolta estaba tranquilo. La cosa iba normal. A partir de ahí él se empezó a comportar muy raro, andaba todo serio y yo pensaba: bueno, todos tenemos problemas, seguro que andará preocupado por sus cosas, y, la
verdad, preferí dejarlo estar, no pararle muchas bolas a eso.
Pero seguía esa seriedad con los días y seguía y seguía y yo ni
me imaginaba qué estaba pasando. El 12 de abril, finalmente, se me arrimó así muy en confidencia y me dijo que me
tenía que contar algo urgente. Se puso a llorar. Me dijo:
"Doña Miyela, yo me siento muy mal por lo que le estoy haciendo." Y yo: "Pero ¿qué me estás haciendo?" Y él: "No, que
estos manes me dijeron, después de esa reunión, que estuviera pendiente de todo lo que usted hiciera y que les informa-
ra." Acabó confesándome que fue su propio jefe, un tal Lon-
doño, quien le dio la orden de pasar informe de todas mis
actividades a esa gente. Lo peor es que allí tampoco van a
aparecer responsables de las instituciones porque la UNP tiene tercerizadas estas cosas y subcontratan empresas privadas.
Cuando el escolta me confesó todo eso yo le pregunté si él
me iba a matar y él se hizo el bravo, como si lo hubiera ofendido. Me dijo: "No, cómo se te ocurre, si a mí me dan esa

orden yo no la voy a cumplir, yo también tengo una hermana, una hija, yo no voy a hacer eso." Y hasta ahí llegó nuestra relación. Por eso le digo que esto de los esquemas de seguridad no es ninguna tranquilidad sino otra fuente de angustia. Uno al final no sabe quién lo está cuidando.

»Al menos en mi casa sí me siento segura y me siento bien porque mi casa es como un pedacito del río Anchicayá aquí en la ciudad. Yo mi casa la tengo toda *campesinizada*. Verdura para donde usted mire. Plantas ornamentales, alimenticias y medicinales. Pero obviamente no es lo mismo que teníamos allá en el río. Ese cambio es muy duro. Allá yo tenía jardín medicinal con identificación taxonómica de 188 plantas. Con la masacre y el desplazamiento nos quitaron todo un proyecto de vida, donde nosotros estábamos recuperando la sementera tradicional. Teníamos variedad de muchísimas semillas de especies que se han ido perdiendo, variedades únicas de arroz, plátano, caña, piña, maíz. Era una sementera muy biodiversa, un trabajo en minga que hacíamos y ahí yo era la profesora. Para que se haga una idea del acceso a la educación que teníamos por esa época, yo fui la tercera bachiller que hubo en toda la región del Anchicayá y eso era un honor tremendo. Educarme fue para mí un sacrificio muy tenaz. Todos los domingos me tocaba irme a las cuatro de la mañana caminando hasta el Danubio, que era una vereda que quedaba lejísimos de mi casa. Éramos solo cinco niños que habíamos conseguido cupo para hacer la primaria. Nos quedábamos hasta el viernes allá en el Danubio y el domingo teníamos que volver. Era de verdad muy duro. Yo siempre digo que me recuerdo a mí misma como una niña cansada. Me quedaba dormida en cualquier parte. Aunque era buena estudiante, un poquito peleona, eso sí, pero, gracias a Dios, muy aplicada. Y así terminé la primaria y, como quería seguir estudiando, convencí a mi maestra, que era también mi madrina, para que me ayudara a conseguir un cupo para hacer el bachillerato. Mi madrina me llevó a estudiar a Cali y yo ahora soy consciente pero entonces no podía darme cuenta de que en ese tiempo yo fui esclavizada. La verdad, yo no le guardo ningún rencor a mi madrina, al fin y al cabo ella me llevó a estudiar el bachillerato, pero también es verdad que ella tuvo un trato abusivo y me obligó durante años a trabajar gratis como muchacha del servicio, no solo para ella, sino para muchas de sus amigas. Me hacían planchar cantidades enormes de ropa, me hacían lavar, cuidar niños y hacer mucho oficio sin pagarme un peso. Yo trabajaba todo el día para ellas, explotada, y estudiaba en las noches, de seis de la tarde a diez de la noche. Pero, como le digo, yo no le guardo ningún rencor a ella. Yo tenía mi meta muy clara y era que, apenas me graduara de bachiller, iba a volver al Anchicayá a fundar una escuelita para enseñarles a leer y escribir a todos los niños del río. Y eso mismo hice. Monté la escuela en la sala de la casa de mi mamá. Los padres de los niños hicieron las bancas y los pupitres para que los alumnos pudieran estudiar. Fueron tiempos muy bonitos. Yo era la tercera bachiller que llegaba al río. Me decían dizque «doctora» porque, imagínese, por ahí nadie sabía nada de nada, entonces una bachiller era la verraquera. Estamos hablando del año 90. Un tiempito después, cuando comenzaron a implementar los nuevos planes de educación, el distrito educativo 41 de Buenaventura me contrató para que trabajara alfabetizando a adultos mayores. Y mis alumnos eran todos los viejos de la comunidad, mi papá, mis tíos..., en la comunidad negra, a los adultos les decimos tíos, independientemente de los lazos de sangre. Y todos los tíos de la región eran mis alumnos, gente mayor, no era fácil enseñarles a leer y escribir. Yo en ese tiempo no tenía lo que llaman un método de pedagogía, entonces me tocó inventármelo. Yo no sé ni cómo pero me lo inventé. Resulta que les propuse que ya no sería yo la maestra sino que la maestra íbamos a ser todos. Utilizábamos el conocimiento de los mayores sobre la sementera tradicional, pongamos por caso que íbamos a aprender la letra M. Solo que yo, en lugar de ponerlos a escribir de una vez en un cuaderno de caligrafía y hacer planas, porque a ellos el papel y el lápiz los intimidaba mucho, íbamos viendo todo lo que tenía que ver, por ejemplo, con el maíz. Íbamos a buscar la semilla, la sembrábamos, así recuperamos siete variedades de maíz chocosito. Luego los mayores empezaban a recordar las preparaciones que hacían con el maíz, todos hacían memoria de lo que los abuelos les habían enseñado, incluso preparábamos algunas de las recetas. Solo allí, cuando habíamos dado toda esa vuelta, es que nos poníamos a trabajar en la letra M. M de Maíz. Primero la dibujábamos en el aire: *mmmmm*. Después, en la arena del río: *mmmm*. La M con barro. Y al final sí lo hacíamos en el cuaderno. Para los tíos era una felicidad ir a esas clases porque aprendían a escribir y lo pasaban muy bueno recordando y compartiendo lo que sabían. Cumplíamos con los requisitos de la institución educativa, pero a la vez estábamos cumpliendo con lo que nos hacía felices. Y todos, poco a poco, fuimos teniendo nuestra propia sementera y nos turnábamos de una casa a la otra cada semana, trabajando en minga, o sea, cada cual aportando alguna cosa.

»Ese plan de vida, que era personal pero sobre todo colectivo, se truncó en 2000, con el desplazamiento... Nos quitaron todo lo que teníamos, nuestras plantas, nuestros animales, la tierra. Cuando se valoran las afectaciones del conflicto armado nadie parece reparar en estas cosas. Todo se centra en exhibir a las víctimas y a los victimarios. Yo no acepto que me denominen así, yo no soy ninguna víctima. Eso fue solo un momento de mi vida. Yo he trabajado muy duro para pasar página, no es fácil superar una cosa de esas. Créame que no es fácil. Lo primero que noté cuando llegué aquí a la zona urbana como desplazada fue el estigma. De todas las personas que llegábamos huyendo de las zonas rurales decían que éramos auxiliadores de la guerrilla. Nos miraban raro, a veces ni nos dirigían la palabra. Y eso sí quiero que quede bien claro en su libro: dígalo con todas las letras, por favor, porque ese estigma fue lo más duro de soportar. No contentos con desplazarlo a uno, no contentos con robarle a uno su vida entera, lo acaban de rematar con ese estigma de guerrillero. Y así es como justifican que lo maten a uno porque la gente empieza a pensar que uno se merece lo que le está pasando. Eso fue muy doloroso. A esas alturas, yo había alcanzado mucho reconocimiento en toda parte como promotora de educación en el tema de plantas medicinales con el servicio seccional de salud. Y de un día para otro pasé de ser alguien querido y respetado a que me miraran como alguien sospechoso. Me evitaban hasta los amigos... Y eso mismo hicieron por todos los ríos, fue una cosa sistemática. Vaciaron Calima, vaciaron Anchicayá, vaciaron Dagua, vaciaron Raposo, Yurumanguí, Cajambre y el Naya, hasta la famosa masacre del alto Naya. Hicieron un vaciado sistemático de los territorios y en todas partes nos decían lo mismo: que éramos auxiliadores de la guerrilla, que algo debíamos, que nos merecíamos lo que nos estaban haciendo. Pero era una justificación barata. La verdadera razón eran y siguen siendo los megaproyectos que quieren implementar en nuestros territorios. Nosotros somos solo un estorbo del que hay que deshacerse.

»En el Anchicayá detrás del desplazamiento estuvieron las dos hidroeléctricas que descabezaron el río. A nosotros nos echaron de nuestra tierra en julio del 2000. Un año después, en agosto, las hidroeléctricas abrieron las compuertas del embalse y soltaron sobre nuestros territorios más de cinco mil metros cúbicos de lodo. Así destruyeron todos los cultivos que teníamos en la vega del río. No nos echaron porque fuéramos guerrilleros. Nos masacraron y nos desplazaron para hacer sus negocios sin que las comunidades anduviéramos por allí reclamando derechos sobre nuestras tierras y manteniendo nuestras formas de vida.

»Y nos hemos tardado tiempo en comprenderlo, pero ahora lo sabemos: no fue un caso aislado. Es un patrón, un modelo. Cada vez que quieren montar un negocio se inventan una guerra, unos enemigos y ponen a andar una operación para desplazar comunidades. Lo mismo que hicieron en las zonas rurales lo hicieron después en las zonas urbanas. Es lo que hemos visto en Buenaventura: cada vez que el puerto necesita ampliar sus zonas francas o sus espacios de almacenamiento comienzan a llegar los grupos armados a los barrios y la gente tiene que desplazarse.

»Por eso nos organizamos. Por eso montamos las nueve mesas del comité del Paro Cívico. Y por eso es que estamos peleando para entrar a las instituciones. Nuestro primer paso fue la alcaldía, en una campaña que organizamos con toda la experiencia que acumulamos durante el paro de 2017. Pero queremos más. Esto apenas empieza. Muchos nos han criticado y nos han llamado hasta politiqueros por disputar esos espacios. Nosotros estamos convencidos de que la cosa hay que hacerla allí también, en lo institucional. Y, sobre todo, nos dimos cuenta de que unidos somos muy fuertes. Imagínese: hasta fuimos capaces de ganarles las elecciones a los otros candidatos; y eso que algunos tenían el apoyo de una gente muy poderosa y andaban por los barrios comprando votos a cincuenta mil pesos. El movimiento social se queda cojo si no pone una pata en el gobierno.

Civilización, barbarie y pseudociencia

Pero hay otras fantasías acerca del orden, mucho más profundas, más determinantes, detrás de todas estas imágenes y estas historias. En 1808 el científico criollo neogranadino Francisco José de Caldas publicó su famoso opúsculo «Del influjo del clima sobre los seres organizados», que sentaría las bases de una arraigada ideología acerca de las jerarquías climáticas y raciales en Colombia. Para Caldas los habitantes de las zonas tórridas y las tierras bajas situadas por debajo de ciertas alturas barométricas, debido al calor, la humedad y la vegetación indómita, tendían a alejarse de las costumbres civilizadas. Por el contrario, quienes vivían en la altura de los Andes solían desarrollar una cultura más refinada, acorde con la cultura europea. Después de ofrecer una caricatura de los indígenas y los negros de estas costas del Pacífico, a quienes describe como salvajes semidesnudos al borde mismo de la animalidad, que viven por fuera de la ley, resignados a satisfacer sus bajos apetitos, Caldas propone comparar a aquellos seres primitivos «con el indio y las demás castas que viven sobre la cordillera» y apunta que estos últimos «son más blancos y de carácter dulce. Las mujeres tienen belleza, y se vuelven a ver los rasgos y los perfiles delicados de este sexo. El pudor, el recato, el vestido, las ocupaciones domésticas recobran todos sus derechos. Aquí no hay intrepidez, no se lucha con las ondas y con las fieras. Los campos, las mieses, los rebaños, la dulce paz, los frutos de la tierra, los bienes de una vida sedentaria y laboriosa están derramados sobre los Andes. Un culto reglado, unos principios de moral y de justicia, una sociedad bien formada y cuyo yugo no se puede sacudir impunemente, un cielo despejado y sereno, un aire suave, una temperatura benigna, han producido costumbres moderadas y ocupaciones tranquilas. El amor, esta *zona tórrida del corazón humano*, no tiene esos furores, esas crueldades, ese carácter sanguinario y feroz del mulato de la costa». Y un poco más adelante concluye, en referencia a la superioridad moral e intelectual propiciada por la beatífica altura de los Andes: «Las castas todas han cedido a la benigna influencia del clima, y el morador de nuestra cordillera se distingue del que está a sus pies por caracteres brillantes y decididos.» Esto es, los habitantes de las zonas bajas se encuentran literalmente *a los pies* de los moradores de los Andes. Son inferiores y, por tanto, susceptibles de ser ignorados, exterminados o, en el mejor de los casos, son potencialmente utilizables como servidumbre para las prósperas empresas impulsadas desde las tierras frías. Por supuesto, estas ideas no son originales de Caldas sino que llevaban un buen tiempo circulando por Europa como un mecanismo de justificación de la expansión colonial. Ya Buffon, un científico hoy prácticamente olvidado pero muy influyente durante los siglos XVIII y XIX y cuya impronta se puede rastrear en mentes tan disímiles como Hegel, Darwin o Diderot, aseguraba algo muy parecido al comparar Europa con las regiones tropicales del planeta. La jugada argumentativa de Caldas, aparentemente cobijada por los métodos de la ciencia moderna, logra crear una fabulosa ilusión: los habitantes de los Andes colombianos de algún modo se encontrarían *por fuera* de las regiones tropicales y estarían en condiciones de participar por derecho propio en los proyectos civilizadores. No es la latitud, según Caldas, lo que determina el buen o mal desempeño de un pueblo en relación con sus recursos; son otros factores como la raza, la altitud y el clima. Es importante recalcar que estas descripciones geográficas de Caldas serán la piedra fundacional de todas las políticas públicas de colonización interna de aquello que en Colombia recibe el cómico nombre de «tierra caliente», esto es, los territorios considerados como simples bancos pasivos de recursos naturales y cuyos habitantes son vistos como salvajes no aptos para la vida moderna. A lo largo de todo el siglo XX fueron muchos los ideólogos, en especial aquellos afines al pensamiento conservador como Luis López de Mesa o Laureano Gómez, quienes se encargaron de reforzar estos mitos y de actualizarlos a la jerga de las ciencias sociales de su tiempo. López de Mesa, famoso entre otras cosas por expedir un decreto desde el Ministerio de Relaciones Exteriores para impedir la entrada de judíos a Colombia durante la Segunda Guerra Mundial, se refería a menudo en sus conferencias y polémicas a la urgente tarea de combatir la «degeneración racial» del país. Sus argumentaciones tienen un evidente tufo a las arengas del nacionalsocialismo, tan de moda por esa época entre los intelectuales conservadores colombianos, con una retórica cientificista que a duras penas logra ocultar el viejo y apolillado armazón del hispanismo católico y su célebre división de castas. Pese a ello, todas esas ideas, que hoy no soportarían un mínimo análisis riguroso, no solo tuvieron una gran influencia en el pensamiento académico y la prensa del país, sino que acabarían por determinar el sentido común, o sea, las formas de simbolización con las que cotidianamente los colombianos imaginamos nuestra geografía, nuestros territorios y las gentes que viven en ellos. Todavía hoy, cuando esas nociones han sido totalmente desestimadas por la ciencia, no es raro oír a los habitantes de las grandes ciudades de los Andes hacer comentarios desdeñosos o chistes sobre la gente de la «tierra caliente», a quienes se describe como negros perezosos sin oficio ni beneficio, poco o nada respetuosos de la ley o de la propiedad privada y, en todo caso, como impedimentos para la prosperidad y los buenos negocios, muy en la línea del texto de Caldas de 1808.

Es esta larga historia de segregación simbólica lo que resuena en las palabras de Felipe Portocarrero cuando habla del centro y la periferia o cuando insiste: «Nosotros no estamos en contra del desarrollo.» Y es esta larga historia lo que debemos tener en cuenta para comprender por qué Buenaventura, el puerto marítimo más importante de Colombia, por donde pasa el 60 % de la carga comercial, es al mismo tiempo una de las ciudades más pobres, con los índices de desarrollo y bienestar humano más bajos de la república. Por aquí pasa todo pero es muy poco lo que se queda, repite la gente como un mantra. Y si al viejo mapa de mitos geográficos y raciales le superponemos el mapa más reciente de las economías ilegales, en especial el narcotráfico, podremos hacernos una idea de por qué Buenaventura tiene una de las tasas de homicidios más altas en un país donde esas cifras suelen ser escandalosas; o por qué en Buenaventura existen unos centros de tortura y desaparición forzosa conocidos popularmente como «casas de pique», donde, como su nombre lo indica, los cuerpos de las víctimas son picados en pedazos antes de acabar metidos en una bolsa de plástico lanzada al mar; o por qué en Buenaventura, el lugar donde se embarca buena parte de la cocaína que Colombia exporta por todo el mundo, la gente vive en un estado de perpetua zozobra, asfixiada entre el desdén histórico de las instituciones del Estado y la presión de los grupos armados legales e ilegales; o por qué desde el balcón de mi habitación del hotel, armado apenas con unos binóculos, me fue posible registrar toda clase de actividades sospechosas de embarcaciones que llevan y traen carga entre los muelles y la laberíntica red de caños y manglares que hacen de la bahía un escondite perfecto para los negocios turbios.

Ese orden y esas jerarquías, que sitúan a unos sujetos dentro o fuera de su condición de ciudadanos dependiendo de su color de piel y su lugar de procedencia, parecen ser el único y verdadero feng shui vigente en nuestro fallido proyecto de nación. Como dijo el fotógrafo del malecón, el orden hace magia: la magia de las fantasías ideológicas que crean lugares de primera y lugares de segunda, personas cuyas vidas importan y personas sacrificables en el altar del progreso.

Territorio expandido

–Después del desplazamiento, no me pregunte cómo, yo me traje el Anchicayá conmigo, mi casita campesina incrustada en la ciudad, donde tengo mis yerbas y mis plantas medicinales. Usted vaya y pregunte por todo Buenaventura y verá que la gente nunca le dice: soy de tal pueblo o de tal vereda, no. La gente dice soy del río Naya o del Mira. No son los apellidos lo que marca el linaje sino la cuenca hidrográfica. La gente no es de un pueblo sino de un río y por eso es que le digo: cuando nos desplazaron nos tocó venirnos aquí, como quien dice, con el río a cuestas. Eso es lo que nosotros llamamos un territorio expandido. Nos costó mucho pero al final entendimos que sí, que a uno lo pueden desplazar, a uno le pueden quitar su pedazo de tierra y sus animales pero el territorio lo tiene la gente metido adentro. Entendimos que el territorio no es el mapa catastral, una parcela con unas medidas, menos una propiedad. Todos esos pedacitos de memoria, esos cuentos y saberes, el tejido de lo que cuentan unos y otros, eso es el territorio y eso no se lo pueden quitar a uno porque, como le digo, eso no tiene propietarios. Es común. Es de todos. A uno no le pueden quitar las cosas que ha visto con los ojos, lo que ha probado con la boca. Y eso fue lo otro que yo entendí con el tiempo, pensando en lo que habíamos hecho para enseñarles a escribir a los mayores: que la letra tampoco tiene dueños. La letra no es de nadie. Es de quien la aprende. La letra es de quien la escribe, ya sea en el aire o en la arena o en un cuaderno. Y el cuento lo vamos escribiendo todos de a poquitos, a retazos, hasta con los harapos de lo que arrastra el mar. Así que aquí estamos, como le digo, siempre con el río a cuestas. Recomponiendo en el patio de la casa lo que dejamos allá, cuando tuvimos que salir corriendo.

MÉXICO

Catarsis

Elena Reina

El infierno huele a mierda

Un Chevy azul marino avanza a toda velocidad por el carril del autobús. No lleva prisa. Pero corre como si alguien lo persiguiera. La adrenalina se la inyectan dos automáticas, una en el cinto del chofer y otra en la guantera. Y el coraje. Rebasa por izquierda y derecha cuando es necesario a combis, camiones de carga, coches y motos sin luces, atorados todos en el insufrible tráfico gris y espeso de Ecatepec. En este rincón asfixiante de 1,6 millones de personas se concentran los peores males de México: la miseria del asfalto y el abandono. Balazos por un celular, levantones, órale pendejo, ya te chingaste. A media hora en coche de la gran ciudad. Donde nadie ve, nadie escucha y nadie se fía de su vecino.

«Una ciudad que huele a mierda», se queja el chofer armado mientras sube los vidrios del Chevy. A ninguna autoridad le ha parecido necesario entubar el canal de aguas negras que rodea la parte baja. Como un recordatorio de que esto no es la capital. Si viniste hasta acá, ni modo. Pero ese río de agua podrida arrastra además el horror que hizo un día famosa a Ecatepec.

A nadie se le escapa que ahí, además de heces, basura y algún animal muerto, navegan en círculos decenas de cadáveres de mujeres.

–¿Adónde vamos?

–A la morgue.

El tipo que maneja como desquiciado es un policía. El único en esta localidad con un objetivo estampado en la frente: agarrar a esos hombres, esos que matan mujeres. El problema –«carajo»– es que esos hombres pueden ser cualquiera. Y él solo puede cazarlos cuando esos cabrones ya las cercenaron a machetazos, las quemaron vivas junto a sus hijos, las arrojaron al río o las asfixiaron con una cuerda y fingieron un increíble, pero a veces efectivo, suicidio.

Al llegar a una cabina de peaje, el coche se pega peligrosamente al de enfrente. Y así, como si lo remolcara, aprieta el acelerador en cuanto sube la pluma.

–¿A poco tú sí pagas las casetas?

Resulta que la tira no. Tiene cosas más importantes que hacer. Él es el encargado, junto a otros dos o tres ayudantes, de perseguir los crímenes por los que Ecatepec no deja de espantar a México. No hay más lana que un cuchitril sin ventanas y una compu de hace mil años junto al también colapsado departamento de Homicidios. Un Chevy con el que camuflarse en los barrios bajos, sorteando baches, aguaceros y topes del infierno. Dos pistolas, una de ellas sin número de serie. Soplones drogadictos en cada esquina, halconcillos dispuestos a cantar a cambio de que hagan la vista gorda por una *grapa* en la cartera. No quiere que se sepa su nombre: lo llamaremos el Comandante.

El Comandante guarda en su celular fotos de escenas navideñas con su esposa y sus hijos junto a otras de mujeres destripadas. Prefiere no hablar de los pleitos que su trabajo provoca cada noche en casa. Que su mujer no se ha largado de milagro. Y que ni él comprende cómo a los malos les da por joderle aún más la vida a uno. Por qué justo un día de Reyes, en lugar de atascarse de rosca y chocolate calientito, ha tenido que salir corriendo a buscar a un cabrón que quién sabe qué *chingados* estaba pensando, pinche demente. Pero de seguro andará por ahí y, si se apendeja tantito, se la pela y a ver cómo entonces.

Suena el móvil. Le habían avisado de que fuera rápido a la morgue. Y corre hasta allá mientras habla, con el coraje y el olor a podrido que se cuela sin remedio por los cristales del coche. Entonces, se acuerda de los malditos chamacos.

Sin la épica de la guerra del narco ni un lugar estratégico de tráfico de nada, nomás el de trabajadores rendidos que van y vienen de la capital a cambio de un puñado de pesos, en Ecatepec se mata igual que en los municipios de la frontera.

La mayoría llegó a este extremo noreste de Ciudad de México a partir de los ochenta huyendo del hambre del campo, acercándose lo máximo que le permitían sus carteras a la capital. Después, la pobreza que la violencia del narco regala atrajo a muchos más. Y poco a poco, sin control, se fueron comiendo los cerros. Casitas empinadas sin luz ni agua ni futuro cada vez más arriba. Sin más sentido de pertenencia que el de chambear durante el día y dormir por la noche.

Cuando en Ciudad de México miles de mujeres protestan contra la violencia machista, Ecatepec representa las coordenadas exactas que catalizan la rabia: el lugar donde más mujeres son asesinadas; el único rincón de México capaz de desbancar, desde hace más de una década, a Ciudad Juárez. Incluso para un país que soporta altas dosis de horror al día, 10 feminicidios cada veinticuatro horas son muchas muertas, carajo.

Las feministas mexicanas no tienen nada más urgente. A diferencia de sus hermanas en otras partes de la región, nada más inminente, más primario: ni el aborto, ni la igualdad salarial, ni la conciliación familiar, ni la violencia obstétrica. Dejen de matarlas.

Las muertas del canal ni siquiera figuran en las listas de los feminicidios. Sin cuerpo, no son solo más que otras decenas que se suman a los casi 100.000 desaparecidos que buscan sus madres en el país. Silenciadas por la violencia del narco y el compadreo de las autoridades, circulan a la deriva, como si los grandes cárteles de la droga hubieran tenido algo que ver con su destino fatal. Como si el que la mató no hubiera sido su pareja, su exmarido celoso, un vecino que le tenía ganas, un tipo –que lo hubo– que confesó asesinar al menos a 20 de ellas por el puro gusto de verlas morir.

La violencia machista no solo es mexicana, pero es en este país y en este rincón marginado con una impunidad casi total donde ha encontrado un buen sitio para instalarse. *Hallan 16 cuerpos de mujeres en los canales de aguas negras del municipio de Ecatepec.* Los titulares en 2015 sobre uno de los drenajes que se hicieron del llamado río de los Remedios no fueron ninguna noticia en la ciudad. Todo el mundo sabía, y sabe, que aquello era un tiradero de cuerpos. Fue una de las historias detrás del desagüe lo que enchinaba la piel.

–¿Te acuerdas del caso de los tres chamacos?

El Piraña, el Gato y el Matadamas no tenían ni dieciocho años. El último ni siquiera era un apodo, su apellido parecía un chiste macabro: Paco Matadamas. Tres chiquillos que ocupaban casas deshabitadas mientras sus padres –casi siempre en paradero desconocido– y sus madres iban a trabajar a la capital durante el día. Ellos se dedicaban, como la mayoría, a no ir a la secundaria. Si el dinero de la mota y el perico estaba ya esperándolos en la esquina, como para qué.

Los tres se creían de una pandilla de esas que veían en las películas como *Sangre por sangre*, recuerda el Comandante. Los amos de Héroes Tecámac, el terror personificado en tres críos de uno de los municipios pegados a Ecatepec que ayudan a engrosar la cifra negra de muertas al año. Ciegos de mona y si había suerte ese día, algunas caguamas. Y así se la pasaban echando desmadre.

Chicos olvidados como ellos han sido siempre reclutados por tipos como el Mili, un exmilitar de veintitrés años que los juntó para vender droga en las calles y lo que hiciera falta. Robar un carro, vender una pistola, bolsear a una señora, ganarse un celular. Reclutar a compañeras de la escuela. Enseñarles quién manda.

Bianca Edith Barrón tenía catorce años el día que la encontraron muerta en la cuneta de una carretera a la salida de Ecatepec. Su cadáver lo recogieron la noche después de su asesinato y lo llevaron a la morgue. Pero la esquizofrenia burocrática de la muerte, por lo cotidiano, hizo que su cadáver se pudriera 339 días en una fosa común mientras su familia empapelaba la ciudad con su cara. Le habían colgado un cartel al cuerpo, «Desconocida». Y, para colmo, una edad calculada a ojo por el perito de turno, de veinte a veinticinco años. Señas lo suficientemente erróneas como para torturar a una familia casi un año más.

Tuvo que caer el Mili. Los sicaritos duraron entonces lo que duró el jefe. Detenido y condenado por tráfico de drogas y trata, enseguida cantó sus nombres. Uno a uno. Y ya con las esposas, el primero en abrir la boca fue el Matadamas. Con ayuda, claro, del Comandante.

Estuvieron horas con el chamaco. Horas dándole sus apretones para que aflojara. Y que no quería. Pero al final, como siempre, el baño nunca falla. La cabeza al agua y que se arranca. Párele que me ahogo. Confesó haber matado con sus amigos a unas quince. Quién sabe, ¿verdad?, si hubiera cantado aún más un adolescente al borde de la asfixia.

Las suficientes para revolver la fosa, drenar el río. Al fin que solo pasarán unos años en el centro de menores. El Mili eso lo tenía que saber, si no, no hubiera buscado niños para sus desmadres. Y además el Paco era compañero de Bianca en la escuela. Se lo había callado durante casi un año, mientras veía a su madre –la Irish– empapelar las calles y llorar sin consuelo. Cabeza al agua. Se había callado el maldito que con el Piraña y el Gato la llevaron a una de las casas abandonadas de Tecámac, la torturaron, la mataron y la violaron como habían visto que hacían los malos en las películas. Y eso le confesó al Comandante cuando pudo, por fin, respirar.

–Ya llegamos.

La morgue de Ecatepec es un garaje en la parte trasera del Ministerio Público, el Emepé. Pero su entrada principal parece un matadero clandestino de puercos. La persiana hasta arriba y un hombre con delantal de carnicero que limpia con una manguera la sangre de las únicas dos planchas que maneja. Un líquido marrón escurre hacia la calle hasta llegar a una alcantarilla. El hombre es el forense de guardia: «No, jefe. Se confundieron.»

El aviso que había recibido el Comandante había sido uno de esos errores que suceden pocas veces. La mujer casi la había librado, y se había ido con siete puñaladas al hospital. El marido, detenido en flagrancia. La noche se asomaba tranquila por primera vez en muchos meses. Y qué bueno, jugaba el América.

El Emepé era probablemente el lugar más concurrido a esas horas en Ecatepec. Convertida en una ciudad fantasma a partir de las once de la noche, esto era como una cantina de pueblo. Un griterío de hombres encerrados tras unos barrotes que trataban de adivinar a lo lejos el marcador de unas pantallas colgadas en la recepción. El centro era un hervidero de gente que llegaba a denunciar un robo, un asalto a punta de pistola, un niño desaparecido y, enfrente, una decena de tipos mal encarados esperando su audiencia con un fiscal y gritando: «¡¡Penaaaaaal!»

Merodeaban el gentío unos cuantos tipos duros vestidos de civil, de esos que no son policías pero lo parecen. «Son las madrinas», aclara el Comandante. Un cuerpo de hombres, muchos de ellos expresidiarios, que conocen como nadie el trajín de los cerros, que te encuentran a un culpable de homicidio en cuestión de horas, que de seguro un traficante es primo de algún amigo suyo. Que se la saben. A cambio, les cae una feria por cooperar con la autoridad. Todos ahí juntos protagonizaban el lamentable espectáculo de la justicia mexiquense.

El Comandante se dirige a uno de ellos:

—Compa, ¿tendrás la dirección del Chucky?

El Chucky realmente no es su apodo. Es otro similar, pero el Comandante me pide borrar su nombre real de la libreta. Es un santero, no uno cualquiera, el mero mero de la zona. Lo que les mama a los malos ir a curarse sus pecados con los *orishas,* se queja el Comandante. Una religión mitad cristiana mitad africana que trajeron los esclavos yoruba a Cuba y en México se importó entre los bajos fondos. Todo aquel que la debe o la teme, lleva como un tesoro la pulserita. Si se te rompe, mal augurio. Ponte al tiro.

La casa del Chucky es una mansión color salmón en medio de lo que en otros países se llaman favelas y en Ecatepec simplemente se llaman casas. Al abrir la puerta de madera se presenta un señor de más de setenta años, con el pelo lacio sin una cana por debajo de las orejas y una túnica blanca impoluta. «Pasen, por favor. Mucho gusto.»

Pese a las dimensiones del chalet de dos plantas y la pulcritud del anfitrión, la entrada a esa casa huele peor que el río. «No se espante, jefe. Estoy dándoles de comer a los santos.» Y ahí, en un cuartito sin ventilación, bajo unos trapos mugrosos sobre lo que parecen unos cálices de metal, que representan a sus dioses particulares, hay restos de arroz de hace más de una semana, alitas de pollo masticadas, plátanos más negros que el hambre y otras frutas en estado de putrefacción. A un lado, huesos pelados de animales muertos.

—Pues qué bueno que no soy santo.

El santero es como el guía espiritual de los malandros. Si les va bien, los que manejan el bisne ahí fuera les regalan carros, casas, coches y por supuesto mucho dinero a cambio de un buen consejo, un apoyo emocional. Me lo quebré, ya ni modo, Shangó me lo dijo, y cosas así. El Chucky ha sabido cómo hacerse un hueco en este terreno y es uno de los más cotizados de la zona. Sus fieles son un secreto a voces, pero él ni los menciona.

Mientras alimenta a los santos, sus hijos y las novias de sus hijos ven en una pantalla del tamaño de la pared de la sala un concurso de cantantes. Todos divertidos junto a botellas de dos litros de refrescos y bolsas de frituras tamaño familiar. Quién sabe si algunas de esas porquerías naranjas sabor a queso acabarán en la barriga espiritual de los santos.

El Chucky y el Comandante suben las escaleras para llegar a una habitación con más privacidad en la primera planta. Hacía semanas que el santero había evitado las llamadas del poli, pues sabía que el tema estaba caliente. Había soñado también, que esa noche se iba a presentar en su casa.

–Ya sabes por qué te busco, necesito encontrar al cabrón del Bons. Con todo este desmadre ya se nos peló y quién sabe si se llevó más huesos.

–No, pues no sé...

–Dime, la neta, ¿a ti te vendió algún cráneo?

Los huesos que busca el Comandante en la casa del santero son los de al menos una veintena de mujeres que un tipo confesó haber asesinado, destazado, destripado, y exprimido hasta la rabadilla en Ecatepec. Para deshacerse de los cuerpos, lo sólido que quedaba de ellos lo vendía a un santero de la zona. Hay una rama de esta religión que utiliza restos de animales y algunos de humanos de los panteones. Y no hay santero que se le escape al Chucky.

El santero ni siquiera se molestaba en fingir que sabía más de lo que hablaba. Pero quién sabe si porque perro no come perro. Y al fin que él nomás estaba haciendo su chamba, no tenía por qué saber que los cráneos, la rabadilla y el tórax estaban todavía frescos. Mucho menos que el infeliz los había arrancado con un cuchillo casero. Podían ser de cualquiera, los pudo haber robado de una fosa común de las muchas que hay, o quién sabe. Que se me haga la boca chicharrón.

–Órale, pues. Ahí te dejo mi cel, márcame si te acuerdas de algo.

–Sí hay una cosa, jefe... Necesito una de estas chiquitas, es para mi esposa.

El Chucky quería una pistola. De esas que no se pueden rastrear. Le muestra una desarmada que ha tratado de componer pieza a pieza y la coloca en la mesa de la cocina, ante la indiferencia de los chamacos pasmados con el televisor. El Comandante por un momento se siente atraído por ese artilugio diminuto, capaz de esconderse en una mano. Después, mira a la reportera y que no sabe de qué demonios le está hablando, pinche Chucky. No es momento, márcame y hablamos después.

Se monta de nuevo en el Chevy y se lanza directo a la colonia Jardines de Morelos, sección Playas. Ya es bien entrada la madrugada y quiere comprobar si los municipales no andan chingando por ahí. No se ha partido el lomo agarrando a feminicidas de medio pelo en callejones oscuros, los ha correteado por el centro de la capital sin permiso de las policías de allá, ha memorizado las placas de sus motos, sabe si se compraron una bici nueva o si su mamá está enferma y puede que hayan regresado por fin a casa, para que venga un pendejo y se cuelgue el mérito de hacerse con el caso más importante de toda su carrera.

Él detuvo al viejo, le dio sus apretones, le hizo cantar hasta el himno. Le sacó una confesión de once páginas que atrajo a la crema y nata de la prensa nacional e internacional. Las cámaras veinticuatro horas de las televisoras esperan en la puerta. Los focos lo alumbran a él. Nadie, nadie, le toca el caso del Monstruo de Ecatepec.

–Colócate la chamarra. Ahora eres perito. No abras la boca. Aguas, estás pisando unas muestras de ADN.

A las puertas de la casa donde vivía Juan Carlos Hernández Béjar, un fotógrafo batalla para hacer volar el dron. Aunque sea mostrar un cacho de la terraza en obra gris, las cuatro paredes donde se cometieron los peores crímenes que se habían escuchado desde la Mataviejitas. El nuevo asesino en serie, en un país donde eso de matar es medio normal, pero la serialidad es una *rara avis* que pocos descubren porque también se investiga muy poco.

Los vecinos de la planta baja son los únicos que resguardan de los chismosos la casa precintada por la policía judicial. El Comandante se enfurece, ahí debía haber al menos dos guardias. «¿Es verdad todo lo que cuentan en la televisión, oficial?», pregunta una señora espantada que jura no haber oído nada del hombre y su familia que malvivían en el cuarto de hasta arriba. Ahí el Monstruo y su pareja confesaron haber asesinado a sangre fría a más de veinte de mujeres. Quería llegar a cien.

Unas cortinas ajadas flanquean la entrada a dos espacios oscuros, sin puertas: un baño minúsculo con una ventana de un palmo y un salón que huele a mierda de gato. En la entrada de esta versión paupérrima de la casa del terror permanece impasible el orinal de un bebé. Había niños.

El Comandante regresa al Chevy y se seca el sudor con la manga de su camisa. No ha llegado a dormir y considera que no son horas de regresar a su casa. Para el carro en una taquería y envía un mensaje a su mujer. Los verá en la tarde. Le pide al mesero cuatro de cabeza.

–¿Sabe lo más jodido de todo esto? Que ya me ha tocado detener a hombres que hace como diez años eran los huérfanos de mujeres asesinadas. Yo mismo levanté sus cuerpos.

116

Devora el taco sin salsa ni verduras. El doctor le ha pedido evitar el picante, las pinches agruras le joden todas las noches. Le da un trago a un refresco de manzana.

–Esto no se acaba.

Asimismo quiero señalar que asesiné a más de veinte mujeres

Los hechos que se narran a continuación pueden parecer una película macabra en la mente de un descerebrado con hambre de fama, unas gotas de imaginación añadidas al cotidiano método de la asfixia con agua. O también, ser completamente ciertos. Sea como sea, en estas líneas hay detalles que no cualquiera puede llegar a inventar, a menos que uno se haya metido hasta la cocina del infierno de Ecatepec, que haya sentido en su carne la pérdida violenta de una mujer. Dicen que en la mentira hay siempre algo de verdad. Y con esta saña mueren y han muerto muchas en este país.

Esto es una transcripción de una confesión ministerial, sin los nombres reales de las víctimas ni direcciones.

Nombre: Juan Carlos Hernández Béjar. Sexo: Hombre. Fecha de nacimiento: 01-03-1985. Edad 33. Nacionalidad: Mexicana. Originario de Michoacán. Calidad: Imputado. ¿Sabe leer y escribir?: Sabe leer y escribir. Grado de escolaridad: Bachillerato trunco y Técnico en Programación trunca. Ocupación: Reparación de celular. Estado civil: Unión Libre. Salario semanal: 1.000. Alias: El Terror Verde. Trabajo anterior: Segundo batallón de Guardias Presidenciales. Adicciones: No toma, no fuma, sin droga, odia a las mujeres.

Adicción: odiar a las mujeres. El técnico que transcribe su confesión quería remarcar ese dato desde la primera página. Hernández sabe por qué está ahí. Es más, es su *deseo* aclarar en relación con los hechos de los que se le acusa. Quisiera que le conozcan como *El Terror Verde*. Pero se tendrá que conformar con el nombre que ya le ha puesto media prensa nacional: El Monstruo de Ecatepec.

Sé que estoy aquí porque el día de hoy mi esposa Patricia Martínez Bernal y yo salimos de nuestro domicilio y mientras nos encontrábamos caminando por la calle, siendo que mi esposa se encontraba empujando la carriola de mis hijos, en la cual llevábamos cargando tres bolsas negras que contenían algunas partes de restos humanos de los cuerpos a quien le había quitado la vida, siendo de Elisabet y de Nayeli, y otra bolsa con huesos humanos calcinados, los cuales fuimos a tirar a un baldío cerca de mi casa y fue el momento en el cual los policías nos descubrieron, ya que al encontrarnos tirando las bolsas en el baldío, una se abrió y de la cual se veían los restos humanos, y por eso la policía pudo ver lo que llevaba en una de las bolsas, y fue cuando nos detuvieron en ese momento para llevarnos a la agencia del Ministerio Público, porque estábamos tratando de ocultar restos humanos, pero fuimos descubiertos, asimismo quiero señalar que asesiné a más de veinte mujeres.

Así, de corrido. El Monstruo sonreía plácidamente mientras relataba cómo, dónde y por qué había cometido los crímenes más atroces. Uno de los policías que lo entrevistaba también sonrió ante la reportera al percatarse de que quizá más de veinte feminicidios que no habían logrado resolver, por fin, tendrían una maldita explicación.

Elisabet. Directamente a la yugular

Por lo que respecta a Elisabet es a quien vi en una combi, escuché su plática, me dio la idea para engancharla, después la vi en una dulcería y le pedí su celular y la enganchamos con el pretexto de venderle ropa para su hijo, la vi en la avenida, ahí nos quedamos de ver, acudí temprano, yo fui por ella en un lugar específico donde no habían cámaras, la traje a mi casa, ella ingresa al domicilio, sube hasta mi vivienda, que vivo en el tercer piso y ahí la amago inmediatamente, estaban mi esposa y mis hijos, con una llave directamente al sillón, le apliqué una llave que aprendí en la milicia, trabajé en la milicia menos de nueve meses, ella cooperó en todo momento, le expliqué que era un secuestro, que su marido me había mandado a matarla, después de que ella cooperó en los amarres, procedí inmediatamente a ver qué tenía de valor, me quedé con su celular siendo un Samsung J 5 prime color blanco o dorado e inmediatamente le canté el choro para no perder más tiempo porque mis hijos se iban a despertar, la metí al baño, no abusé sexualmente de ella, mi esposa estaba presente en ese momento sin apoyar, no la necesitaba, después de meterla al baño procedo a matarla con un cuchillo, un corte directamente en la yugular y la carótida, era un cuchillo café, mango de madera ergonómico, yo lo mandé hacer con un herrero hace aproximadamente diez años, después procedo a hacerle cortes desde los pies, cabeza, manos, comencé a seccionar partes, grasa, músculos, huesos con diferentes fines, la grasa la iba a tirar en los baldíos y los camellones, el músculo era para alimentar a mis perros, los huesos eran para la renta de un santero, las demás partes del cuerpo me quedó la rabadilla y el tórax, mismos que fui a tirar al baldío cercano a mi casa, Elisabet iba vestida con unos zapatos color café piso, mayón negro, chamarra cazadora negra y blusa negra, esas ropas las tiré en la basura, en el baño de mi domicilio desmembré el cuerpo de Elisabet, mi esposa se encontraba presente, insegura, indispuesta y enojada, estaba cuidando a mi bebé y dándole pecho.

Nayeli. Le tengo asco a la mayoría de las mujeres

A ella la ubicó mi esposa en la calle vendiendo quesos, le hizo la plática y Nayeli invitó a su domicilio a mi esposa, tiempo después planeamos darle en la madre por el simple hecho de que tenía su hija chiquita, le mandamos WhatsApp para engancharla con ropa y otro tipo de objetos, hasta que en una ocasión yo la enganché con la oferta de un préstamo, me quedé de ver con ella en la esquina de su casa, ella salió de su domicilio con su bebé, yo iba con mi esposa, tomamos un mototaxi y las llevamos para mi casa, entra a mi domicilio, subimos a mi departamento, se sienta en el sillón, le explico lo mismo que a todas, que es un secuestro, que su marido me mandó matarlas, con tal de que me crean, procedo después a robarles lo que traen, a ella le robé un celular Alcatel, mi principal propósito era vender a su hija, cuando ya estaba amarrada la traslado a la recámara, esperamos en hacer unas llamadas a las personas que nos iban a comprar a la bebé, después de tener la confirmación, me la llevo al baño y la mato, no abusé sexualmente de Nayeli porque le tengo asco a la gran mayoría de las mujeres, porque las odio, porque tuve malos eventos en mi infancia que me hizo tener mi mamá en su momento y tengo una mujer desaparecida que fue mi esposa, todo eso se juntó para que yo odie a las mujeres, en la recámara procedo a darle el corte con el cuchillo, siento una entrada en la yugular con la carótida para que así sea una muerte rápida y no les dé tiempo de gritar, después procedo a cortarla...

La misma carnicería que con el resto. Grasa, músculo, a los perros; los huesos, a un santero apodado el Bons que le llegó a pagar unos 500 pesos por algunos cráneos. Celulares vendidos en Facebook por unos 1.000 pesos. Sacarles el máximo beneficio posible a cada una de las muertas. Porque él es un asesino en serie, pero no tiene un chavo. «Soy humilde y jodido.» Con Nayeli, además, se le prendió el foco.

El bebé de Nayeli era mi mina de oro, porque ya tenía seguro 15.000 pesos, los posibles compradores los conocí cuando trabajé en el salón Castillo, guardé su contacto para el futuro y cuando me enteré de que Nayeli tenía un bebé se me prendió el foco [...]. Me pagaron todos billetes de 500 pesos nuevos y nos retiramos y al regresar a la casa seguí trabajando en la descuartizada e incinerada de Nayeli.

Lo más sencillo para las autoridades en ese momento fue, para las dos, que se hubieran ido con un güey en una camioneta a veces gris, a veces negra. Que un tipo con billete les había echado el ojo. Que esos cabrones que manejan el bisne ya saben cómo son y una no les puede decir que no. Las versiones resultaban verosímiles, si no fuera porque es la misma cantinela para cualquier, cualquier mujer desaparecida. El mismo argumento cuando una madre va a declarar que hace más de dos días que su hija salió de casa y no ha regresado. «Quizá, madre, se fue con el novio.» Cuál novio.

Arely. Dos veces gritó vecina, auxilio

Era mi vecina, muy payasa por cierto, muy reservada, nos caía gorda, vivía en la parte de debajo de la vecindad, vivía sola pues su marido emigró a los Estados Unidos, esa chica, Arely, me interesó para un bisne porque le vi su celular Moto de cuarta generación y procedí a planearlo unos cuantos días, hasta que en una ocasión estaba muy necesitado de dinero, ese miércoles temprano mandé a mi esposa a seguir a esta chica porque había salido a la calle, de repente veo que mi esposa ya viene con ella, se la sube con el pretexto de que le mostraría un pantalón arriba, ella no quería pasarse pero se le convenció y se sentó en el sillón, le aventé el mismo choro que a todas, que su marido me había mandado matarla, que cooperara, que nada le iba a pa-

121

sar, pero dos veces gritó vecina auxilio, auxilio, yo no podía exponer a mi familia, tenía el mismo cuchillo listo y se lo aventé a la yugular, después de muerta estuvo cinco horas en el baño, después lo mismo que a todas, seccionar grasas, huesos, músculo, cabeza, el músculo se lo daba a mis perros y otra parte nos la guisábamos mi esposa y yo, era carne de primera, muy buena, el músculo de la pierna en caldo de res, lo preparaba mi esposa y ella también tenía que comer, menos mis hijos, temía que a mis hijos les fuera a dar algún mal del prion, he leído sobre eso, que es comer carne de la misma especie, el cráneo lo limpié, lo herví y lo dejé listo para la venta, no abusé sexualmente de Arely porque me da asco, me caía mal Arely por presumida, por sobajarnos, por vernos como jodidos.

La parte caníbal del Monstruo era el punto que faltaba para completar la imagen terrorífica de un hombre que de pronto había resuelto a medias –faltaba encontrarlas– la tragedia de decenas de feminicidios en Ecatepec.

A unos pasos de la casa donde vivía, un grupo de mujeres que han escuchado por las noticias sus testimonios, se juntan en un corro a rezar. A su alrededor, cruces rosas, flores y fotografías de chicas desaparecidas o ya encontradas muertas. A la hora del rosario en la colonia del Monstruo, las señoras piden que las almas de sus hijas o sus nietas descansen y que ninguna se cruce jamás con alguien así. Están convencidas de que es imposible que los crímenes de esta ciudad los haya perpetrado un solo hombre.

Wendy. No toleraba las putas voces en mi cabeza

Wendy de dieciséis años la conocí porque ella ayudó a mi esposa a bañarla, cuidarla porque tuvo una cesárea, aproximadamente hace cuatro años, un domingo me mandó un mensaje de

122

texto que decía que la invitara a una lata de mona que me iba a dar lo que yo ya sabía, se refería a sexo, le dije que estoy trabajando vete para la casa, vétela comprando, cuando llegué estaba completamente estúpida ya, platicamos, tomé una botellita de Rancho Escondido, convivimos un rato, tuvimos relaciones consensuadas, esto fue en marzo del 2018, ella se quedó en la casa a dormir esa noche, al día siguiente no toleraba yo las putas voces en mi cabeza, como la señora no me cobró, no me dijo que no, me entró mucho coraje, mujeres así para qué, fui por mi cuchillo, le pedí que se bajara al piso para que me cumpliera una fantasía y pedirle hacer así el sexo, en el piso la maté, con el cuchillo le corté la garganta inmediatamente, no sufrió ni dijo nada, al fin descansé de mi cabeza, con todo gusto la llevé al baño, alegremente, feliz de lo que había hecho, una basura así no podía estar más tiempo, en el baño procedí a cortarla y con todo el gusto la corté igualmente, seccioné pedazos grasa, carne, todavía tengo ese olorsito a grasa, muy divertido, la hice carne para los perritos porque ellos sí merecían comer, grasas a los baldíos y camellones, huesitos para venderse y lo más divertido es que tengo su rabadilla bien guardada y conservada en una cubeta con cemento y está precisamente en la dirección nueva donde yo fui a rentar, yo la guardé con gusto para que cuando ya se la coman los gusanos la pueda vender.

Pamela. Vi que estaban muertos de hambre

Yo llegué a vivir en una vecindad en Jardines de Morelos a mediados del año 2011, con mi esposa y mi primer bebé, en esa vecindad vivían también Miguel, quien vivía con su novia que prostituía, al parecer venezolana, la vendía en 300 pesos, iban comandantes, tránsito, municipales, puro policía, a dicha novia le decían Mari, también vivían los Miserables, que es una pareja que tenían un niño que atropelló el tren, supuestamente, tam-

bién vivía la menor Pamela con su papá, su mamá y su herma-
na que tenía hijos, percatándome de que Pamela se la pasaba
peleando con su hermana, que era muy loca para los madrazos,
ellos vivían en la parte de en medio, lo primero que hago al vivir
ahí analizo a la familia, una vez que vi que estaban muertos de
hambre, procedí a actuar contra ellos, checo los entornos, pros,
contras, análisis de riesgo, un sinfín de cosas, me salió todo bien
por muchísimos años y mira ahorita, veo que tenía Pamela un
celular que estaba bueno, valía la pena, el papá era monoso, pues
se drogaba con activo enfrente de todos, era una familia disfun-
cional, yo llegué a pensar que el padre abusaba de la menor, fue
cuando analicé lo que a ella le gustaba, la mamá creo era enfer-
mera y el papá era boleador y aluminero, el patrón los corrió por
monoso, trabajé con el papá de Pamela por un mes, analicé qué
iba a hacer, supe lo que le gustaba, que era bisutería, subí, le co-
menté que tenía unos aretitos, cadenitas y bajo con ese engaño,
en abril de 2012 entró a mi cuarto como a las diez de la maña-
na, y se sienta en un refri que teníamos acostado, inmediatamen-
te la sometí con la misma llave que he ocupado con todas, la llevé
al colchón que estaba frente al refri donde la amarré de pies y
manos y quise tener sexo con ella, pero me di cuenta de que esta-
ba en sus días, me dio asco, y luego me hace sexo oral, termino en
su boca, la obligué a que se los pasara, me dio alegría porque se
estaba guacareando inmediatamente, me pidió un vaso con agua
y le dije ya valió madres, ya viene mi mudanza y te tengo que
meter al baño y le di un golpe certero en el cuello con el cuchillo,
pero con sus manos agarró el cuchillo, lo jaloneé y se le quedó la
marca en las manos, como se me zafó y se me fue de control y es-
taba buscando cómo manotear, hice mi maniobra y la piqué en
la pierna, ella bajó las manos para sobarse y después la volví a
picar en las costillas, muriendo aproximadamente dos minutos
después, enseguida procedí a cortar el cuerpo [...].
En el tiempo que la tuve en el baño su papá se metía en va-
rias ocasiones a mi domicilio a platicar conmigo, y ahí estaba su

hija en el baño, inclusive entró varias veces al baño, después cargué el costal a mi triciclo junto con las tripas en cubetas y colocando encima tipo cascajo y me la llevo a tirar a un baldío que está a un lado de la avenida Ferrocarriles, frente a un mercado que está deshabitado, yo me meto al terreno, saco el costal, lo coloco sobre un cúmulo de tierra y cascajo y con mis manos procedo a bajar la arena para tapar el costal, estando ahí por un año completo.

Después de un año yo vi pasar muchas patrullas y una unidad de antropología forense, voy para allá y me percato de que hay mucho vecino, mucha patrulla y hermetismo, no dejaban tomar fotos ni videos en el baldío, me acerco a ver qué está pasando y veo que ya habían encontrado el cuerpo de Pamela, percatándome de que había máquinas ya raspando todo el terreno para limpiarlo, después en las redes sociales me entero de las supuestas investigaciones que hacían y ninguna me apuntaba como responsable y el principal sospechoso era Miguel, porque le apodaban El abuelo padrote, porque prostituía a mujeres, a quien detuvieron muchas veces, la mamá ni el papá sospechaban de mí, a la policía les decía que yo no escondía nada y que podían entrevistarme sin problema, Pamela era alta, delgada, desarrollada, algo simpática, cabello mediano, cachetona, piernas largas, cuando me entrevistaron dije que había visto un carro blanco que la estaba siguiendo mucho y eso era cierto pero yo les gané.

De los más de diecisiete asesinatos que confesó detalladamente el Monstruo, además de otros cinco que solo menciona por encima, solo consiguieron reunir pruebas suficientes para cargarle seis. Él y su esposa fueron condenados en 2019 a más de cien años de prisión. La pareja que compró al bebé también cumple su pena por tráfico de personas. Pero las familias de las demás mujeres que menciona con nombres y apellidos el asesino todavía están buscando una respuesta. Su confesión explicó su muerte, pero no aclaró nunca dónde están sus cuerpos.

La detención del Monstruo no terminó tampoco con la masacre de mujeres en Ecatepec. Tal y como predecían las mujeres que rezaban el rosario, hubo después otros hombres, la mayoría de ellos cercanos a las víctimas, que las asesinaron con la misma saña en el interior de sus casas. La ciudad se convirtió de nuevo, durante la pandemia y los primeros meses de 2021, en el centro del horror de la violencia machista. Violadas, apuñaladas, asfixiadas; ellas no mueren –como lo hacen ellos– de un balazo rápido y certero.

Esto no se acaba, vaticinó también el Comandante. ¿Y si los huérfanos de estas son los feminicidas de mañana? Se pregunta cada noche convencido de que cualquiera –el mesero, el del valet parking, el de la tienda, su vecino– puede convertirse en el siguiente.

Yo quería llegar a cien chicas o más, las que maté son muy pocas, quiero que quede asentado, primero, que se me conozca como El Terror Verde, ya que así me pusieron en la milicia y, segundo, no tengo remordimiento alguno, lo hice y lo volvería a hacer otra vez siendo todo lo que deseo manifestar.

Quién sabe dónde estarán esos restos, y los que faltan. Si en las tripas de los perros enterrados entre escombros, en la basura fosilizada de vertederos clandestinos, en rituales mágicos de una religión que adora a los muertos, o en las cenizas mezcladas con el carbón que venden en la esquina para asar más carne. Si están acaso alimentando a los peces infectos del río hartos de comer también decenas de cadáveres completos de mujeres, si con esa agua se riegan los matorrales que crecen sin freno a la ribera del canal, el único espacio verde que uno verá en esta ciudad gris y maldita. La única fuente de oxígeno.

126

Explíqueme usted cómo no voy a romper este vidrio. Cómo calmo las ganas que tengo de incendiarlo todo. De verlo arder. A usted, a la catedral, a la puerta del Palacio, al mismísimo Ángel de la Independencia. Que encima es mujer, ¿sabe, usted? Dígame que me calle otra vez y le abro la cabeza a martillazos. Hoy yo no voy a tener miedo, lo va a tener usted. No me importa que me lleven, que me amenacen, que me torturen. Se cruza un pendejo más en nuestro camino y lo madreamos. Así está el pedo, ¿cómo ve?

Dígame, si puede, qué hizo para impedir todo este desmadre. Ah, que no, ¿verdad? No hicieron nada. Nos cazan como ganado en las calles, nos violan, nos matan y nos desaparecen. Y entonces ni siquiera somos una muerta más en sus cifras piteras. No somos nada. Pero hoy no, señor, ora sí se acabó el cuento.

Que protestemos quedito, su pinche madre. Un vidrio, una tienda, una baldosa, una cabrona pared vale más de lo que valgo yo. ¿Se da cuenta?, ¿lo ha pensado? Que se asfixie hoy tantito, jefe, que nosotras el resto del tiempo no podemos respirar. Ándele, diga que somos violentas, diga que somos unas malcriadas alborotando como una plaga de cucarachas sus callecitas del centro, digan lo que quieran. Si me permite, voy a madrear este semáforo.

Dale, duro, hermana. No sé qué poner. Córrele, pon lo que sea. Al fin que esa tienda también es patriarcado. Todo es patriarcado. Hasta las mismas mujeres policías que nos carrerean lo son. Órale, qué esperas. No mames, ¿eso qué? «El feminismo te hará libre.» Vamos, que nos quedamos solas y ya casi llegan al Zócalo.

¿Te diste cuenta de que nos tienen miedo?, ¡cómo nos miran! No sabes el gusto que me da. Cuando cruzo esta calle de noche me cago de miedo. Tan oscuro, tan solo. Tan que será mejor correr, gritar o hacerse la dura. ¿Estoy exagerando? ¿Sí me sigue alguien? Y caminas y aprietas los nudillos y los dientes. Y te aprietas tú enterita. Y al cruzar la esquina ya volteas para ver que no viene nadie. Carajo, si yo solo quería regresar a mi puta casa.

Mándame mensaje cuando llegues. Con cuidado. ¿Ya llegaste? ¿Dónde estás? Cinco llamadas perdidas.

Alerta, alerta, alerta el que camina, que esta calle hoy es mía y la reviento si se me antoja. Por todas las noches que no puedo reventarle los huevos al cabrón que me viene cazando desde el pesero. Dejaron todo listo, ¿ya viste? Tapiado el banco, la tienda, el restaurante, la entrada del hotel. Y tiemblen, y tiemblen, y tiemblen los machistas, que América Latina será toda feminista.

Hoy me vestí de negro como la calaca. Ni violeta ni blanco ni verde ni mamadas. La cara bien tapada y el garrafón de gasolina. El martillo en la mochila y agua. No te apures, hermana, que ahí la traigo. Yo te cuido. Ahora vienen los gases y no podrás ni abrir los ojos. Se va a caer, se va a caer, el patriarcado se va a caer. Mójate el pasamontañas y corre. Que voy a prender esta madre.

Y que nos avientan una lata. ¿Ya viste a la vieja que corrió a devolvérsela a los puercos? A huevo. La Reinota la llaman. Y que se abren todos a la verga, cobardes.

No puedo respirar. Agua, agua, agua. Siéntate. Abre los ojos. Arde. Ahorita se pasa. ¿Las oyes? Están cantando.

Cantamos sin miedo, pedimos justicia, gritamos por cada desaparecida. Que resuene fuerte: «¡Nos queremos vivas!» Que caiga con fuerza el feminicida.

Explíqueme usted qué sentido tiene que nos pida que no seamos violentas en un país que mata a diez de nosotras al día. Que nos matan nuestros novios, nuestros esposos, nuestros amigos, nuestros vecinos. Y ¿sabe usted por qué? Porque pueden. Nos matan porque no pasa nada, no valemos un carajo, ni una maldita investigación seria. Que si se fue con el novio, que si estaba depresiva y se suicidó. Si no marchamos como en Roma, en Berlín o en Nueva York, es porque aquí morimos diferente, sabe usted. También morimos más. Que no tengo ni dieciocho años y ya sé todo lo que me puede pasar. Que aquí no tengo solo miedo a que me violen cuando me persiguen. No solo me preocupa que no pueda abortar porque no tenga dinero. Que no quiero que un cabrón decida por mí. Que mi mamá no tenga ni adónde ir a llorarme.

El miedo también cansa. Agota, desespera. Provoca estas ganas serias que tengo de incendiarlo todo. Porque no es justo, jefe, que una niña tenga tanto miedo. Que usted sabe bien que son nomás unas horas, una tarde. Que cuando regrese a mi casa escondo bien la sudadera negra en el fondo de la mochila. Que antes de entrar por la puerta, me pongo de nuevo mis mayones y mi suéter de lana, me quito la pintura de la cara. Me hago mi trenza. Y si estoy llorando por el gas, haga cuentas que simplemente estoy llorando.

Y mañana voy a la escuela y saco buenas calificaciones. Y mi mamá dirá que qué bien portada, qué buena niña. Como dicen todas. Se fue con sus amigas, se fue de vaga una tarde. No todas las mamás saben que ahora en el 8 de marzo se grita, se rompe, se quema. Y tampoco sabe mi mamá que también grito por ella.

Que me desgañito contra una pared, jefe. Una maldita pared que es usted, que son todos, que representa lo que más odio. Que mis amigas me están esperando. Que agito el espray. Que pinto en Reforma: «¡¡Te voy a matar, culero!!»

NICARAGUA

Irrespetar al comandante

Wilfredo Miranda Aburto

«¡Al comandante se respeta!», grita cada policía después de asestarle puñetazos a Lesther Alemán. El joven de veintitrés años se retuerce del dolor, intentando refugiarse en una posición fetal que no consigue por la tromba de golpes. Las patadas también son remachadas con la misma frase celebratoria. La tropa está extasiada. Los oficiales han cumplido con éxito una misión que ha tardado más de tres años en ejecutarse: capturar al líder universitario más deseado de Nicaragua. Los golpes que las tropas especiales dieron en el portón de la casa del estudiante convocan a los vecinos a través de las ventanas. Ven atónitos el despliegue de fuerza. Los ladridos de los perros asustados se entremezclan con el bramido de las sirenas policiales, que también emiten caóticas cuchilladas de luz roja y azul. Uno de los vecinos más próximos del muchacho intenta socorrerlo, pero sus familiares lo detienen. Lo que acontece ante ellos es producto de una orden expresa «de arriba», de Daniel Ortega, el comandante, y de Rosario Murillo, la compañera vicepresidenta.

–Al comandante se respeta, ¡¡jueputa!

–Y a mí también se me respeta –responde Lesther a los oficiales. Aunque está reducido (y reducirlo es fácil porque es un flaco espigado de 130 libras), su voz grave y vibrante se

133

oye por un momento encima de la jauría policial. La misma voz que en cadena nacional llamó asesino al presidente Ortega en 2018, aquel año cuando las protestas ciudadanas arrinconaron al régimen sandinista.

Los policías ríen al unísono cuando lo escuchan. Dos golpes más, «¡al comandante se respeta!», y la voz del joven se apaga. La venganza ha sido cobrada la noche del 5 de julio de 2021 en el barrio Villa Feliz, en Managua, donde Lesther creció como un muchacho absorto en los cultos de la Iglesia evangélica y los estudios.

A pocos metros de una de las patrullas, la madre de Lesther intenta, encolerizada, zafarse de los brazos de otro policía que la sujeta. Lesbia Alfaro sabe que su hijo será tratado con saña en prisión. La captura que está presenciando ha sido su mayor temor desde el día que su «ángel», el menor de sus tres hijos, el que la acompaña siempre, apareció en la televisión con un emplazamiento perentorio para el presidente de Nicaragua. «¡Ríndase!», le espetó el universitario a Ortega. El tono del joven era inquisidor. Levantaba su mano y la agitaba ante las cámaras y un país boquiabierto por el inusual acontecimiento. Con su índice incandescente de rabia por los primeros cuarenta y cinco jóvenes asesinados por los policías durante las protestas, una cifra que resultaría ínfima por los 325 muertos que se acumularían meses después; Lesther apuntaba desafiante al núcleo de poder de Nicaragua.

La pareja presidencial enmudeció durante tres minutos, descolocados sin poder descifrar a ese muchacho que hablaba sin titubear ante ellos. Lesther llevaba una camisa negra de luto, una pañoleta azul y blanco al cuello y unos gruesos anteojos que le daban un aire de nerd inofensivo. Eso volvía la escena más inaudita. Un «culito cagado» había desafiado al líder intocable por el poder omnímodo que ha construido desde su retorno al poder en 2006, y por su figura como el guerrillero que una vez encabezó una de las revoluciones más cautivantes del mundo. Era una mezcla de muchos factores. Por eso el estupor era generalizado. Nadie podía dejar de comentarlo: un chavalo que increpó directamente a Ortega como nadie lo había hecho, con ese timbre vocal que no se corresponde a su cuerpo, pero que siempre ha inclinado las pocas decisiones trascendentales de su corta vida. Esa vez, el vozarrón cambió irremediablemente su destino: una especie de héroe para quienes protestaban en las calles y un villano para quienes asumieron el grito contra Ortega como un irrespeto de proporciones históricas. Una intensa dicotomía que ni él mismo sabe cuánto tiempo le perseguirá y que le ha llevado al exilio y después a estar preso, bajo aislamiento, con graves signos de desnutrición y desvaríos mentales y a enfrentar un juicio por «conspiración para cometer menoscabo a la integridad nacional».

6 de julio de 2021

Los presentadores de los noticieros del gobierno cortan la transmisión habitual y anuncian: «Amigos, a esta hora establecemos comunicación con la vicepresidenta de Nicaragua, compañera Rosario Murillo.»

«Muy buenas tardes, compañera», responde la vocera, primera dama, vicepresidenta, y ahora copresidenta del comandante Ortega. «Buenas tardes, queridas familias de nuestra Nicaragua bendita... ¡Siempre bendita!» Esta vez el mensaje despunta con una mezcla entre «amor a la patria», vacunas contra la covid-19 y una crítica a la «proliferación de armas en Estados Unidos». «Solo este fin de semana de festejos hubo una cantidad de gente que falleció por distintos eventos armados», dice y enseguida esboza una reflexión sobre lo efímero de la vida. «Nada es eterno y nadie es eterno y mucho menos esos que se creyeron emperadores.» En este punto el tono de la vicepresidenta se torna irascible. Recuerda «ese nefasto abril» de 2018. Las protestas ciudadanas pusieron en jaque su proyecto político y para evitar el mate, ordenaron disparar a matar, con armas de alto calibre empuñadas con precisión por policías y paramilitares. El «golpismo» que la pareja presidencial dijo enfrentar era una masa plural de ciudadanos, en especial chavalos como Lesther, pertrechados de consignas. «Daniel, Somoza, ¡son la misma cosa!», gritaban en las calles.

«En abril nos arrebataron el derecho a la movilidad, y se creían emperadores cuando levantaban la mano. Esas manos levantadas, que jamás vamos a olvidar y nuestro pueblo no puede olvidar [...]. Cuánta desgracia humana, fruto de la miseria espiritual de esos que se creyeron emperadores, ¡esos que se creyeron eternos! Nada es eterno y nadie es eterno», insiste Murillo, ya un poco más complacida. No han transcurrido ni veinticuatro horas desde la violenta captura de Lesther Alemán.

Miami, 2019

«Mi pecado fue haber hecho mortal a quien creyeron que era divino», me dice Lesther en el exilio.

Lleva varios meses fuera de Nicaragua. Pinta casas y no quiere que nadie lo sepa. No por vergüenza sino porque tiene miedo de que trabajar con sus familiares afecte a su permiso estadounidense. Desde pequeño ha tenido la «dicha» que no cualquiera en un país empobrecido como Nicaragua tiene: una visa. En su infancia viajaba a Miami, donde viven sus hermanas mayores. Los hombres de la familia se han dedicado a pintar viviendas y él aprendió a usar el rodo y la brocha casi instintivamente, así como suelen aprenderse los oficios que se traspasan generacionalmente. Lesther no trabajaba en las vacaciones, pero sí ayudaba en las faenas de pintura, de modo que esa experiencia le ha servido ahora que su adultez despunta como un perseguido político en otro país.

Lesther trabaja porque su mamá y su papá también tuvieron que establecerse en Estados Unidos por las represalias que trajo su activismo durante las protestas. Eran una familia trabajadora, con una casa modesta en Villa Feliz, un barrio adyacente al Mercado Mayoreo, una gran central de abastos en Managua. Los habitantes de Villa Feliz no son tan felices. Es un barrio mixto de clase pobre y trabajadora, que se inunda casi todos los inviernos, cuando las lluvias sobrepasan los gaviones del cauce, que, en vez de desaguar, es una amenaza para las casas de piedra y latón. La principal fuente de recursos de la familia del universitario eran los dos camiones acarreadores de Lesther padre, que se movían con cargas en toda Nicaragua, pero que cuando cruzaban fronteras centroamericanas el bolsillo familiar lo agradecía. Cuatro días después que el universitario le gritó a Ortega y la familia perdió el anonimato, el empleador de su padre le canceló el contrato laboral. Aunque una buena parte de los nicaragüenses consideraban un héroe al muchacho, también era una especie de apestado. Al igual que el contratista del padre de Lesther, la reacción primaria en torno al estudiante y su familia era alejarlos. Los desquites que se dieron después del mes de mayo eran ejecutados por grupos paramilitares que afloraron cuando la policía fue desbordada por los ciudadanos en rebelión en las calles.

Lesther padre y Lesbia, la madre, huyeron de Nicaragua, dejando atrás al hijo que se mantenía en la clandestinidad, apegado a su activismo cívico. Desde su aparición televisiva, el joven nunca más volvió a la casa de Villa Feliz. Si bien sentía culpa por alterar la vida de sus padres, el compromiso que había asumido lo llevó al terreno de los sacrificios, que se lo había encomendado Dios.

Lesther es profusamente creyente. Cada paso que da, cree que está siendo guiado por Dios. Pero en octubre de 2018, cuando la clandestinidad ya no le garantizaba seguridad, le pareció que Dios se puso chistoso. Se le ocurrió que la mejor forma de salir a salvo de Nicaragua era variar su aspecto físico para despistar a cualquiera en el trecho hasta la frontera norte del país. Poco antes de emprender la huida por veredas hacia Honduras, se vio al espejo y el reflejo le provocó una risita nerviosa. El pelo rojo por el tinte aplicado con prisa, la camisa a cuadros talla L por lo ancho de sus hombros, el pantalón pegado y las botas le conferían un aspecto que este muchacho evangélico nunca pensó asumir ni para una fiesta de disfraces: el de un punkero.

Entendía, sin embargo, que desde que se volvió un ícono, su nombre era una especie de traje impoluto que debía proyectar esa madurez que su voz terminaba de reafirmar. Una especie de viejo en el cuerpo de un joven que decidió echarse a cuestas a un país roto, que intentó sacudirse el yugo encarnado del autoritarismo, pero que terminó más resquebrajado después de abril.

Cuando no es «Lesther Alemán», es ese mismo chavalo ensimismado, tímido, que tiene un caparazón difícil de traspasar y que sintió miedo en el momento que le advirtieron que estaban cerca de atraparlo en octubre de 2018. Un miedo que «Lesther Alemán» no podía expresar públicamente ni mucho menos transmitir a sus seguidores o familiares. Por eso urdió la salida de Nicaragua con muy pocas personas. Ni su madre, quizá la persona en la que mayor confianza deposita, sabía nada. El universitario recibió una amenaza que lo dejó paralizado: su «cabeza tenía un precio de 50.000 dólares».

A Lesther le advirtieron que si lo atrapaban, su castigo no solo sería ejemplar sino que podría rayar en la muerte o la desaparición. Entre junio y septiembre de 2018, Nicaragua sufrió la peor etapa de la represión a manos de los grupos paramilitares. En ese periodo murieron 152 de las 354 personas ejecutadas en todo el año. Las jornadas de exterminio fueron bautizadas por la propaganda gubernamental como «operación limpieza». Todas las ciudades sublevadas fueron barridas por paramilitares con armas de guerra convencionales: un arsenal de AK-47, Dragunov, ametralladoras PKM y M-16. Por eso los estudiantes y ciudadanos que eran asesinados presentaban heridas fulminantes en la cabeza, cuello y tórax. Un triángulo de la muerte al que me tocó zambullirme en búsqueda de la evidencia que demostró que los disparos no eran espontáneos, sino que había un patrón de ejecuciones letal y coordinado para reventar las protestas sociales.

Estos civiles armados, denominados por el régimen como «policías voluntarios» y «héroes de la paz», operaban en coordinación con la policía, miembros del partido de gobierno e instituciones del Estado. Sembraban el terror en caravanas de pickups, llamadas las *Hilux* de la muerte». Evocaban la sombra pavorosa de los escuadrones de la muerte que desangraron Centroamérica en décadas abyectas que, erróneamente, pensamos superadas. Estos civiles armados y encapuchados cometieron crímenes tan sórdidos como quemar viva a una familia entera en el barrio Carlos Marx, en Managua. Instalaron cárceles clandestinas en las que jóvenes denunciaron que fueron torturados: a algunos les introducían la punta de las AK-47 en el ano, mujeres violadas, electrochoques, uñas arrancadas, ejecuciones sumarias, desapariciones y un compendio del horror documentado por la CIDH y la ONU. Ese era el miedo que tenía Lesther, cualquiera de las entradas o platos fuertes de este menú represivo.

La amenaza por la cabeza de Lesther provino específicamente de la alcaldía de Managua, uno de los principales centros de reclutamiento y organización de paramilitares en ese entonces, según logramos corroborar varios colegas en investigaciones periodísticas en 2018. El temor del universitario tampoco era tan infundado, porque cuatro meses atrás, en julio, en el clímax de la Operación Limpieza, la embajada de Estados Unidos en Managua le alertó que tenía «un nivel de alta certeza» sobre un complot para asesinarlo. Una información que luego vino a corroborar el obispo Silvio Báez, uno de los religiosos más críticos con el gobierno, y la exembajadora de Washington en Managua Laura Dogu, también amenazados de muerte.

«A pesar de la alerta, por mi terquedad y por mi coherencia de lucha, yo decido permanecer en el país. Me confirmaron que también otras alcaldías estaban ofreciendo dinero por mi cabeza. En una ocasión hubo una comunicación falsa de que yo iba para Estelí (al norte de Nicaragua) y se movilizaron como cincuenta camionetas para buscarme. La represión recrudeció y estaban pagando como 50.000 dólares por mi cabeza. Y la orden era asesinarme», me contó Lesther a través de una plataforma de mensajería cifrada que, por ese tiempo, todo opositor del gobierno descargó ante el temor de que las telecomunicaciones eran «espiadas». «Esta orden bajaba desde El Carmen», resalta, en referencia a la casa del matrimonio Ortega-Murillo, mismo sitio donde funciona la Secretaría Nacional del Frente Sandinista y la casa de gobierno, el mejor ejemplo de la confusión Estado-Partido-Familia que rige en Nicaragua.

Lesther no tuvo más alternativa que el exilio. A través de fincas, cambio de varios vehículos y un punto ciego en la frontera norte de Nicaragua, el punkero Lesther llegó a Honduras. De inmediato voló a Miami, aprovechando su visa que tanto cuida. Horas después golpeó la puerta de la casa de sus hermanas en Hialeah, donde nadie lo esperaba. Lesbia, su madre, se emocionó al verlo, así con el pelo rojo, desgañitado por ese semblante de derrota muy claro en su ceño fruncido.

Lesther insiste en no revelar que pinta casas en Miami. Después de tratarlo durante los últimos tres años puedo decir que es un maníaco de la corrección. Es cuadrado con las reglas. Le pregunto por qué se estresa con la visa si él es un candidato idóneo para solicitar asilo político en Estados Unidos o en cualquier país del mundo. Pero es algo que no se plantea y lo rechaza con hosquedad, porque desea volver cuanto antes a Nicaragua; sin importar que a su familia le parezca un disparate.

El universitario que ya no estudia por «razones de fuerza mayor» está bastante inconforme en Miami, pero administra la cotidianidad con la misma disciplina que le ha valido ser siempre un estudiante de cuadro de honor, y ahora un perseguido político. Alterna su tiempo en reuniones con otros universitarios y líderes surgidos a raíz de las protestas de abril. Es metódico en casi todo. Asume a fondo sus luchas, así como asumió la religión desde joven. Quizás por eso sus mejores amigos lo llaman «comandante», un apodo que, a decir verdad, no es acorde con la batalla que libra: contra un sistema basado en el militarismo y la violencia ejercida por comandantes duros, de otra época, como Daniel Ortega, quien ahora lo considera uno de sus enemigos primordiales. Es bastante irónico que le guste que lo llamen comandante, pero esta tarde húmeda y calurosa del verano miamense prefiero no joderlo con esos temas, porque suelen derivar en discusiones teóricas sin fin... aunque quizás sean necesarias. Y sobre todo porque está angustiado por sus amigos presos. Y porque después de tanta lucha, en Nicaragua todo el engranaje represivo sigue operando.

Me veo con Lesther en Miami porque también tuve que exiliarme por la persecución del régimen contra el periodismo. Seis meses después de las protestas en Nicaragua se ha instalado una nueva normalidad administrada por paramilitares y policías armados en las calles.

La convulsión ciudadana de abril está muy fresca y a Lesther le afecta directamente. Varios de sus amigos, universitarios con los que impulsó una rebelión ciudadana inédita en los más de diez años consecutivos de gobierno sandinista, están encerrados en celdas de máxima seguridad en la cárcel La Modelo, en Tipitapa. Lesther piensa mucho en Edwin Carcache, preso político y con quien entabló amistad en medio de unas revueltas sociales tan tectónicas, que suelen compararse por la convulsión que provocaron con el triunfo de la revolución sandinista en 1979 y la derrota electoral de Ortega en las urnas en 1990. Fueron un parteaguas, eso sí, por ahora inconcluso.

Estos meses de exilio le han servido a Lesther para dimensionar lo que hizo «Lesther Alemán» y el «compromiso adquirido». Ha asumido como una tarea ineludible exigir justicia para las 325 personas asesinadas, el peor derramamiento de sangre de Nicaragua desde la posguerra. A decir verdad, una tarea muy pesada para este muchacho que comparte con otros de su generación anhelos genuinos de cambio para un país atrasado en muchas cosas, en especial para ellos, que tienden a migrar a otros países a buscar una vida que no esté supeditada a las carencias económicas y profesionales. Sin embargo, cuando Lesther se sumó a las protestas en abril de 2018, al menos las primeras semanas, no tenía idea del capítulo que, como jóvenes, estaban protagonizando. Ahora que hay espacio para repensar sin el riesgo de una captura, Lesther habla de «lo que hizo» sin grandilocuencias. «La vida nos maduró mucho desde abril», dice.

La voz del estudiante es reverberante como la de los viejos narradores cubanos de béisbol, pero sin el acento del Caribe. Recuerda y cuenta sin sobresaltos. El vozarrón que lo distingue llevó a sus amigos a concluir que él debía tomar la palabra en el diálogo nacional para encarar a Ortega. Lo decidieron la noche anterior en el hotel donde estaban hospedados. El universitario aceptó. En un papel hizo un esbozo de las palabras que diría. Esa noche no pudo dormir, un insomnio que presagió los años de desvelos que se le avecinaba. Antes de confrontar a Ortega en el diálogo nacional convocado por la Iglesia católica para tratar de pacificar al país, Lesther era uno más de los miles de universitarios que le arrebataron las calles al gobierno Ortega-Murillo. Una semana antes del 18 de abril, cuando la rebelión estudiantil estalló, un grupo de universitarios salió a las calles a protestar por el mal manejo gubernamental del incendio en la Reserva Biológica Indio Maíz.

2018. *Camino de Oriente, Managua*

El estallido del 18 de abril ocurrió exactamente a las cuatro de la tarde en el Centro Comercial Camino de Oriente. Centenares de estudiantes y ancianos se congregaron en este viejo centro comercial a protestar contra el gobierno. La protesta no tenía la pinta de trascender. De hecho, en ese momento nadie intuía ni dimensionaba cómo la onda expansiva de esa explosión iba a cimbrar al país. Sucedió tan progresivamente que en menos de setenta y dos horas cuatro importantes ciudades y media docena de recintos universitarios públicos estaban insubordinados. Lo que los jóvenes y ancianos lograron despertar esa tarde en Managua era inédito, inspirador, desencadenante y sin retorno.

El decreto de la reforma a la seguridad social fue materializado en el diario oficial *La Gaceta* el jueves 18 de abril. Los estudiantes de la jesuita Universidad Centroamericana (UCA), entre los que estaba Lesther Alemán, convocaron a manifestarse en solidaridad con los ancianos. El paquete de reformas aumentaba la tasa de cotizaciones para trabajadores y empleadores, pero lo que más crispó a la población fue el recorte del 5 % a las pensiones de los jubilados. En palabras de la gente el dinero de los «abuelitos».

En Nicaragua, el 93 % de las pensiones son menores a 10.000 córdobas, un aproximado de 300 dólares. La reforma impactaría en un país de salarios precarios, y una economía personal que raya en la subsistencia. Contra todo pronóstico, la convocatoria a la protesta tuvo una respuesta activa esa tarde. Pero más sorprendente aún fue la determinación de los estudiantes de encarar los ataques de la Juventud Sandinista, un grupo usado por el gobierno como fuerza de choque para reventar protestas opositoras.

Era difícil prever que la protesta del 18 de abril tuviera mayor impacto en la decisión del régimen de dar marcha atrás a la reforma de la seguridad social. Desde que regresó al poder en 2006, Daniel Ortega desmontó la institucionalidad en Nicaragua. Al mismo tiempo pervirtió el profesionalismo de las fuerzas armadas —con énfasis en la Policía Nacional—. Las sumió en un servilismo prebendario con el alargamiento inconstitucional de los altos mandos en los cargos en el ejército y la policía. Al eterno caudillo sandinista le tomó su primer y segundo periodo presidencial consolidar una gobernanza sin contrapesos de ningún tipo; ni del Parlamento, la justicia, sindicatos, oposición, y menos de protestas ciudadanas. Todo con la complicidad del empresariado, que fue seducido con los millones de petrodólares venezolanos, mientras Ortega reformó la Constitución para reelegirse indefinidamente y colocar en la primera línea de la sucesión constitucional a su esposa Rosario Murillo.

Los pocos que se atrevían a salir a protestar siempre eran reprimidos por turbas o la Juventud Sandinista, el brazo partidario controlado directamente por la vicepresidenta Murillo. La Juventud Sandinista en teoría es el grupo del Frente Sandinista que representa a los «jóvenes revolucionarios». Pero en la práctica cumple dos funciones específicas: ser ornamento y coreografía en las tarimas de los actos partidarios presididos por la pareja presidencial y, por el otro, son una fuerza de choque para disolver cualquier protesta en contra del gobierno. (Un calco de los grupos castristas que desarticulan a los disidentes en Cuba.) Forman grupos «de portátiles» pertrechados con garrotes y defienden lo que ellos llaman «la segunda etapa de la revolución sandinista».

Sin embargo, el 18 de abril todo fue diferente. Los manifestantes no retrocedieron ante el empuje represivo de las fuerzas de choque. Los ciudadanos y los ancianos resistieron por más de cuatro horas los golpes, las piedras y los tubazos que la Juventud Sandinista propinaba a mansalva, mientras centenares de oficiales de la Policía Nacional observaban las agresiones sin inmutarse. Muchos de los manifestantes, siguiendo el instinto básico de que el uniformado vela por la seguridad ciudadana, buscaron protección de las turbas en las filas policiales. Pero encontraron más displicencia. Los oficiales más bien empujaban a los agredidos de regreso al tubazo de la Juventud Sandinista. Los policías intentaban que el tumulto no interrumpiera el tráfico de la Carretera Masaya. Sin embargo, los esfuerzos policiales en ese sentido resultaron infructuosos. A esa hora, la concurrencia en esa arteria vial era alta, y los conductores se estacionaban y bajaban de los autos para unirse a la protesta.

«¡Yo vine porque quise, a mí no me pagaron!», coreaban los ciudadanos a las huestes sandinistas, quienes, además de golpear, estaban robando todo lo que podían, desde celulares hasta cámaras fotográficas y de video a los periodistas que daban cobertura.

Toda esa jornada fue televisada en vivo y la madre de Lesther, Lesbia Alfaro, la vio a través de 100 % Noticias, uno de los canales que meses después sería confiscado y censurado por el gobierno. Ella pensaba que su hijo estaba en clases. Pero cuando el joven llegó a casa, le contó que había asistido a Camino de Oriente. Se extrañó porque él siempre ha sido un muchacho de iglesia desde los doce años, cuando tuvo una epifanía: Lesbia tuvo una gravedad y la operaron de emergencia. Lesther quedó solo en casa y, miedoso por la salud de su madre, corrió hacia la iglesia evangélica Asambleas de Dios con un cuaderno y un lápiz en la mano. Anotó las alabanzas del culto y las repitió en casa, rogando por la recuperación de su madre, con esa voz de púber que ya empezaba a dar visos de su gravedad. Por un azar médico o del destino, el procedimiento y el alta de la mujer ocurrieron muy rápido. El muchacho al verla de regreso en casa sintió que las alabanzas apuntadas en el cuaderno tenían poder.

Lesbia, que es católica, no tuvo más opción que apoyar la obstinación de Lesther con los cultos. Lo que el muchacho propuso de inmediato fue su bautismo evangélico. Fue celebrado en las aguas del Gran Lago Cocibolca, el mismo que los conquistadores españoles llamaron, anonadados por su grandeza, «la mar dulce». El mismo estanque a través del cual Daniel Ortega proyectó en 2015 construir un faraónico canal interoceánico. Una obra que ponía en riesgo el medio ambiente y las tierras de centenares de miles de campesinos, quienes se levantaron a protestar masivamente contra las expropiaciones. Las protestas contra el canal fueron el antecedente más notable previo al levantamiento que los jóvenes lideraron en 2018. Las consignas por la naturaleza se conjuraron con una serie de agravios acumulados por el régimen, a tal punto que la olla no soportó más en abril con las reformas a la seguridad social y la represión inicial en Camino de Oriente.

–¿Y qué andabas haciendo en el Camino de Oriente? –le preguntó Lesbia con sorpresa a su hijo.

–Apoyando a los ancianitos. Lo hago por ellos y por usted, porque está próxima a ser jubilada y no quiero que me toque ver que a usted la golpeen por algo que se ha ganado.

El que es conocedor de Dios sabe que esto es una injusticia –contestó Lesther, extrapolando argumentos desde su fe.

Así fue que Lesther se involucró en la rebelión de abril. En ese momento tenía veinte años y estaba recién ingresado en la carrera de Comunicación Social en la Universidad Centroamericana, gracias a una beca que se ganó producto de la excelencia académica en secundaria. Decir que era un estudiante aplicado sonará redundante, pero era un adolescente tan arraigado a la religiosidad, que en vez de jugar fútbol o béisbol con bolas de calcetín en Villa Feliz por las tardes, decidió estudiar teología, mientras el poco tiempo libre que le quedaba lo invertía como misionero. Estaba tan inmiscuido en su denominación evangélica, que era el tesorero nacional de las Asambleas de Dios. Para Lesther era natural liderar. De allí que no le haya costado mucho organizar a jóvenes en abril de 2018 para recoger víveres y medicinas, y llevar lo recaudado a los primeros estudiantes atrincherados en recintos de Managua. «Jesús me enseñó a hacer revolución», suele decir el universitario.

Más allá de la Iglesia evangélica que escogió, quienes conocen bien a Lesther coinciden que es cristiano. Incluso hasta los católicos, que suelen ver con recelo a los protestantes. El muchacho tiene una vocación social intrínseca, pero que la potenció al ingresar a la universidad. La primera carrera que se planteó estudiar fue Magisterio, pero su madre lo convenció de desistir de esa idea. Primero porque es un trabajo «muy cansado» y segundo por la mala paga de los profesores en Nicaragua. «En el último año de secundaria dijo: "Voy a estudiar Comunicación Social, porque me gusta más y porque mi voz lo amerita." Entonces se fue a matricular con la beca a la UCA», recuerda Lesbia. La voz empezaba a delinear la trayectoria de Lesther.

Quienes estudiamos Comunicación Social en la UCA sabemos que, aparte del pénsum académico, las ideas de justicia social están bien arraigadas en los profesores y en ese ambiente jesuita. Los de esta carrera suelen estar a la vanguardia de las reivindicaciones sociales y humanitarias. Sin embargo, en general, hasta 2018, la juventud era considerada apática del devenir social y político de Nicaragua. Las universidades públicas y hasta las semiprivadas como la UCA estaban cooptadas en diferentes niveles por el oficialismo, así que el movimiento universitario crítico no pintaba en las pocas protestas contra la deriva autoritaria de los Ortega-Murillo (mucho menos se veían posturas de unas autoridades universitarias complacientes con el poder). En síntesis se daba por sentado que los jóvenes estaban en una especie de torre de marfil digital, encumbrada por los celulares y las redes sociales.

Sin embargo, las primeras protestas universitarias por el incendio en Indio Maíz fueron organizadas a través de las redes sociales. La causa ambiental generó pasiones en los jóvenes. La selva los empujó a las calles. Se organizaron a través de las redes sociales, en especial grupos de WhatsApp, pero el megáfono fue Twitter. Fueron algunas protestas pacíficas neutralizadas rápidamente por la policía. No obstante, cuando el gobierno dictó el decreto para reformar la seguridad social, no solo las brasas continuaban humeantes en Indio Maíz, sino que los universitarios eran una hoguera recién apagada, más propensa a arder de nuevo que a sofocarse totalmente.

19 de abril, Managua, un correo electrónico

Al finalizar la jornada violenta la noche del 18 de abril en Camino de Oriente, las redes sociales ardían con lo sucedido en el viejo centro comercial. Los usuarios compartían la foto de la activista Ana Quirós desplomada y ensangrentada,

148

producto del cadenazo que un miembro de la Juventud Sandinista le propinó en la cabeza. Los mensajes de repudio eran altisonantes y señalaban a Daniel Ortega y Rosario Murillo. El miedo, decían muchos, se les había quitado.

Era cierto:

La represión tocó fibra sensible, porque el espíritu estudiantil era pacífico. En Nicaragua, un país que enaltece a sus abuelos, nada es más indignante que golpear a ancianos desprotegidos. Los padres también perdieron la paciencia al ver a sus hijos heridos solo por protestar pacíficamente. Algo se rompió esa noche. Quizás fue el dique que contenía la paciencia ciudadana ante un régimen que durante diez años había obrado sin rendir cuentas a nadie y convertido el Estado en un club familiar. Pero sea lo que sea que se haya roto esa noche, sucedió muy rápido y Lesther era parte de ese torbellino. A la mañana siguiente, el 19 de abril, la sublevación estudiantil ya había trascendido.

Los primeros muertos y heridos se registraron en la Universidad Politécnica (Upoli) y la Universidad Agraria el 19 de abril. Los enfrentamientos entre universitarios, antimotines y fuerzas de choque del gobierno persistieron todo ese día en Managua y ciudades como León. Los estudiantes desafiaban a las fuerzas antidisturbios con morteros y una canción que fue uno de los primeros himnos de la revuelta: «Me Gustan los Estudiantes» de Violeta Parra, pero la versión interpretada por el grupo venezolano Los Guaraguaos:

¡Que vivan los estudiantes
Jardín de nuestra alegría!
Son aves que no se asustan
De animal ni policía.

Un morterazo acrecentaba el sentimiento de osadía de los universitarios que tenían domeñadas las calles.

Y no le asustan las balas
Ni el ladrar de la jauría
Caramba y zamba la cosa
¡Que viva la astronomía!

El génesis de la reacción violenta por parte de las autoridades está en un correo electrónico que la estructura nacional del Frente Sandinista recibió de manera urgente el 19 de abril. El cuerpo de mensaje –escrito en letra Courier New, puntaje 17.5, y con la orden resaltada en color rojo– convocaba a una «reunión de emergencia» a las 12.30 del mediodía en el auditorio del Parque Japonés, ubicado en el residencial Los Robles en Managua. Minutos antes de la hora indicada en la comunicación, decenas de camionetas del partido sandinista y de las instituciones estatales rebalsaron el estacionamiento del parque y sus alrededores. Los funcionarios y operadores políticos habían llegado puntuales. La orden venía del más alto nivel: los citaba la vicepresidenta Rosario Murillo.

En el actual partido y gobierno del Frente Sandinista solo su voz, después de la del comandante Daniel Ortega, puede hacer y deshacer lo que le plazca sobre la militancia y la administración pública. Murillo suscribe las enseñanzas del gurú de la India Sai Baba, es devota del esoterismo, cree en el feng shui, al mismo tiempo que reza en clave católica o evangélica en dependencia de la conveniencia política del momento. Rosario Murillo es la mejor definición práctica del eclecticismo, pero un eclecticismo versátil, que muta a medida que las circunstancias varían. La única fe que la primera dama práctica sin dobleces es la del poder. Lo ambiciona con fascinación. Con el paso de los años ha erigido un liderazgo indiscutible que le permitió, incluso, administrar una crisis nacional a completa discrecionalidad. Aquel poder sandinista que en los ochenta era compartido por un grupo de guerrilleros triunfantes, cuarenta años después es un asunto matrimonial.

El correo electrónico que la estructura sandinista recibió el mediodía del 19 de abril fue el primero de una serie de mensajes enviados por Murillo durante la incipiente crisis sociopolítica. La serie permite apreciar cómo las órdenes para enfrentar y contrarrestar la protesta estudiantil fueron *in crescendo*. La vicepresidenta pedía a su militancia «tomarse las calles», las redes sociales o les prohibía a los empleados públicos sumarse a las marchas opositoras, por ejemplo. A medida que el tono de los correos se caldeaba, la represión recrudeció y el número de muertos aumentaba. El compendio de correos electrónicos va del 19 al 25 de abril. En ellos hay más de una docena de orientaciones. Los funcionarios sandinistas que me filtraron los correos aseguraron que las órdenes venían expresamente de Murillo, porque fue la estructura partidaria bajo el mando de la vicepresidenta la que se ocupó de ejecutarlas. «Era el estilo de ella. Cumplir de inmediato», me explicó una alta dirigente sandinista que desertó a mediados de 2018.

Las protestas ya constituían un serio problema para el gobierno Ortega-Murillo al mediodía del 19 de abril. La represión de la manifestación en Camino de Oriente el día anterior había provocado un estallido que cimbraba en las universidades de Managua y León, pero, como el vector de un virus contagioso, las protestas se multiplicaban en simultáneo en Masaya, Estelí, Matagalpa, Carazo, Granada, Rivas, Camoapa e incluso en la ciudad caribeña de Bluefields. Ni el régimen sandinista ni el país en general esperaba un escalamiento del conflicto tan vertiginoso. La primera reacción del gobierno fue subestimar la insubordinación ciudadana. Los secretarios políticos explicaban a sus bases que era «un conflicto de pandillas». Sin embargo, pronto el régimen vio atónito cómo años de trabajo invertido para dominar las calles se desmoronaban en horas. La Universidad Politécnica de Nicaragua (UPOLI) se convirtió ese día en uno de los epicentros de la rebelión estudiantil.

Aunque la vicepresidenta Murillo citó con urgencia a la estructura nacional del Frente Sandinista, ella no asistió a la reunión. Envió como delegado a su escudero y leal operador: el secretario de organización del Frente Sandinista, Fidel Moreno, para transmitir las orientaciones. Murillo se preparaba a esa misma hora para intervenir en una cadena nacional de televisión. Era la primera vez que se refería a la rebelión estudiantil. A las 12.51 del 19 de abril, todos los canales del gobierno «establecieron comunicación con la vicepresidenta de Nicaragua, compañera Rosario Murillo, coordinadora del Consejo de Comunicación y Ciudadanía». Murillo respondió el saludo y fue directo al grano. No enumeró el santoral del día, como acostumbra en sus alocuciones, sino que enfatizó en la «paz afianzada» por su gobierno. Esa paz estaba siendo «puesta en peligro por la manipulación política de los mismos de siempre». «Esos minúsculos grupos que azuzan y desestabilizan para destruir Nicaragua», reclamaba Murillo beligerante, esforzándose por mantener el tono maternal que suele infundir a sus intervenciones. «Esos grupos minúsculos, esas almas pequeñas, tóxicas, llenas de odio, no representan el sentimiento, la necesidad de paz, de trabajo y de cariño del pueblo nicaragüense que tanto ha sufrido [*sic*].»

El país escuchaba la intervención de Rosario Murillo en televisión y, en paralelo, Fidel Moreno cumplía con sigilo las órdenes encomendadas por la vicepresidenta. Moreno ya tenía reunidos a los secretarios políticos del Frente Sandinista nacionales en el Parque Japonés. Los secretarios políticos son las correas de transmisión verticales para las órdenes de la cúpula Estado-partido a las bases sandinistas en los territorios. Son gente de confianza en el partido o que ocupan importantes puestos en instituciones del gobierno, dos instancias muy distintas, pero que bajo el régimen sandinista son una simbiosis dedicada al fortalecimiento del modelo familiar. A ese grupo selecto lo llaman el «Consejo de Liderazgo Sandinista», mejor conocido por sus siglas CLS. La orden que Fidel Moreno trasladó a los secretarios políticos fue más tajante y agresiva que la diatriba pública de la vicepresidenta en la televisión.

«¡Vamos con todo! No vamos a dejar que nos roben la Revolución... No dejaremos que nos roben las calles», conminó Moreno a los secretarios políticos. La orden circuló de inmediato hacia abajo en toda la estructura territorial sandinista, y surtió efectos letales horas después: los primeros tres muertos de las protestas estudiantiles. Así la suerte de Darwin Manuel Urbina había quedado echada por la orden inicial de la vicepresidenta Murillo. La gestión de Murillo empeoró por completo la represión el 20 de abril... y para infortunio de otros dieciséis jóvenes ese día, la suerte para ellos también solo fue –parafraseando a Joaquín Sabina– la muerte con una letra cambiada.

El 20 de abril el país entero amaneció convertido en un polvorín. La indignación por la represión fue el desayuno. En las redes sociales se compartían videos de jóvenes a quienes las balas de goma les habían extirpado los ojos de un tajo, así como la primera muerte del conflicto, la de Darwin Manuel Urbina, millones de veces reproducida en los celulares, tras recibir una carga policial que le partió el cuello en dos.

Los nicaragüenses se preguntaban el 20 de abril: ¿qué pasaba por la cabeza de un gobernante que vivió en carne propia el trauma de la tortura, la violencia durante el somocismo, y la deshumanización de la guerra en los ochenta, como para ordenar una represión tan recia que iba dejando lisiados a estos jóvenes, que son nietos de todas esas heridas aún abiertas en Nicaragua?

Al momento que policías en motos abrieron fuego contra los universitarios en la zona de la Universidad de Ingeniería y la catedral de Managua la tarde del 20 de abril, Lesther Alemán estaba en el templo organizando la recolección de víveres y medicinas para los estudiantes que se atrincheraron en las universidades. En las afueras de la iglesia, los estudiantes derribaban los Árboles de la Vida, unos armatostes metálicos que dominan Managua y son el símbolo de poder de la pareja presidencial.

¿Qué mejor manera de retar a un régimen que aserrando su símbolo? Era toda una confrontación a las declaraciones de Murillo, quien tildó a los universitarios como «vampiros que reclaman sangre». Los muchachos aserraban la raíz metálica en medio de las cargas policiales. Los oficiales habían regresado con mayor empuje a sofocar la rebelión. Disparaban armas de fuego a los universitarios. Mientras los jóvenes intentaban derribar otro Árbol de la Vida, un alarido desesperado provino del predio baldío contiguo a la Universidad de Ingeniería y la avenida Tiscapa: «¡Un herido, traemos un herido..., es un chatel (niño)!»

«El 20 abril, que estuvimos encerrados en la catedral de Managua, fue de lo más triste. Ver a jóvenes que lloraban por cómo veíamos a las turbas entrar y los ataques, escuchar los disparos. En ese momento llegó la noticia de que había muerto un niño, hasta ese momento no sabíamos el nombre. Era Álvaro Conrado. Ahí nos desplomamos... Yo miré por primera vez a personas con impactos de bala. La gente gritaba pidiendo ayuda. Nosotros salimos a buscar vehículos bajo los disparos para intentar llevarlos a los centros asistenciales», narra Lesther.

La herida de bala en la garganta de Álvaro Conrado era evidente, pero el muchacho apenas sangraba. Se estaba ahogando. Moriría horas después en un quirófano. El fallecimiento del adolescente enardeció más las calles. Los ciudadanos salieron a borbollones a unirse a los universitarios.

154

El 20 de abril fue cuestión de símbolos. Las circunstancias conspiraron para que cayera uno cuando el primer Árbol de la Vida fue talado, y naciera otro cuando el corazón de Álvaro Conrado se detuvo por tercera y última vez a las 16.30. Mientras, en la catedral de Managua, otro símbolo de las protestas aún sin nacer, Lesther Alemán se movía para protegerse, desconcertado por la violencia. Sin embargo, las muertes del 20 de abril solo fueron el preludio de la brutalidad venidera administrada por los paramilitares.

Seminario de Fátima, Managua, amanecer del 16 de mayo de 2018

Entre el 19 de abril y el 15 de mayo al menos cuarenta y cinco personas fueron asesinadas. Las principales ciudades del país, incluyendo bastiones sandinistas históricos como Estelí, Masaya y León, estaban atrincherados. El nivel de la violencia era alarmante por parte de la policía. La Conferencia Episcopal de Nicaragua abogó por un diálogo nacional entre los estudiantes, líderes opositores y el gobierno sandinista. Ortega aceptó y se pactó una fecha para el primer encuentro: 16 de mayo.

Los obispos convocaron a empresarios, organismos de sociedad civil y a los estudiantes que estaban en conflicto para dialogar con el oficialismo. Para ese entonces, Lesther Alemán ya estaba medianamente organizado en el movimiento estudiantil. Fue uno de los convocados para asistir al diálogo nacional y no se lo dijo a su madre, Lesbia, que temía por su seguridad por lo que pudiera pasarle en las protestas. Sin embargo, a la mujer no se le pasaba por la mente que Lesther estaba tan involucrado, que iba a ser uno de los llamados al diálogo.

El 14 de mayo, dos días antes del diálogo, Lesther estaba en casa. Alistó una pequeña mochila en la que metió una muda, pasta y cepillo de dientes. Lesbia lo detuvo antes de salir y le preguntó si volvería a dormir. Era habitual que desde abril no llegara a dormir a diario, porque se quedaba en alguna universidad atrincherada o en casa de sus compañeros. «El papá ya sospechaba que él iba a ir a ese diálogo, porque andaba misterioso. Mi esposo siempre le decía a Lesther, que es su único hijo porque yo tengo mis otras dos hijas, que si él no trabajaba él no se hartaba. O sea que no se hablaba de política en la casa, pero cuál fue mi susto cuando lo vimos en la televisión», relata Lesbia.

La noche antes del diálogo, Lesther daba vueltas en los pasillos de un hotel con un papel en la mano. Era el esbozo de las palabras que le iba a decir a Daniel Ortega. Los estudiantes lo escogieron para hablar porque no solo había demostrado en las protestas dotes de orador a través del megáfono, sino que su voz rompiente era ideal para enfatizar el mensaje de indignación. Garabateó varias ideas en la hoja, las repasaba, las leía para sí mismo; dice Lesther que pensaba en «cómo iba a reaccionar el pueblo». Aunque en ese momento no tenía clara la dimensión de la osadía que iba a cometer, en el pasillo del hotel el muchacho por primera vez coquetea con el ego: «Hice dos borradores que ahí están, de mi puño y letra. Después pensé que no podía botar esa hoja, porque se la tendré que enseñar a mi hijo.» El sueño fue intranquilo esa noche.

Al amanecer del 16 de mayo, todo estaba listo para inaugurar el diálogo nacional en el Seminario Nacional de Fátima con al menos cuarenta y cinco ciudades del país paralizadas por las barricadas de los ciudadanos. En una mesa estaban los obispos de la Conferencia Episcopal. En otra los opositores y los estudiantes. Y en la tercera mesa, aún vacía, el espacio para la delegación oficial encabezada por la pareja presidencial. Nunca antes Ortega y Murillo habían dialogado con sus opositores, mucho menos bajo escrutinio público. Es un régimen acostumbrado a imponer. En la sede del encuentro, los convocantes y la oposición esperaban con ansiedad la llegada de la pareja presidencial. La espera fue interrumpida por el bramido de dos helicópteros que sobrevolaron el Seminario Nacional de Fátima. Los rotores ensordecieron por varios minutos, hasta que una nutrida caravana desembocó por la callejuela que conduce al campus religioso. Catorce policías motorizados guiaban el cortejo, veintiuna patrullas cargadas con ocho oficiales fuertemente armados intercalaban dos buses repletos de más agentes de las tropas especiales y cuatro Mercedes Benz G63 V8 AMG blindados, propiedad del mandatario que la propaganda oficial denomina «el presidente de los pobres». Uno de los Mercedes plateados era conducido por el propio presidente Ortega y su copiloto era la vicepresidenta Murillo.

La pareja presidencial saludó efusivamente a los periodistas que se agolpaban tras las filas policiales, intentando obtener una toma cercana de unos mandatarios que nunca se exhiben de manera tan cercana a la prensa que no es oficialista. Ingresaron al recinto dispuesto para el diálogo y el ambiente se tensó irrevocablemente. Los obispos tenían un programa para las intervenciones de todas las partes, pero los estudiantes vestidos de negro estaban tan embravecidos que no tenían pensado obedecer el protocolo. Mascaban la ansiedad y me recordó aquellos versos de Carlos Martínez Rivas: «La juventud no tiene donde reclinar la cabeza. / Su pecho es como el mar. / Como el mar que no duerme ni de día ni de noche.» Terminado el canto del himno nacional y la plegaria elevada por un obispo, los universitarios cometieron la primera interrupción.

«¡Eran estudiantes, no eran delincuentes!... ¡Eran estudiantes, no eran delincuentes!» El coro resonó en el recinto, enchinó la piel de un país que seguía la transmisión, deshizo a las madres que todavía lloraban a sus hijos en las tumbas frescas.

El maestro de ceremonia trató de aminorar las pasiones con una frase de San Óscar Arnulfo Romero, beato en aquel momento: «Hermanos, el diálogo no se debe caracterizar por ir a defender lo que uno lleva..., el diálogo se caracteriza por la pobreza; ir pobre para encontrar entre los dos la verdad y la solución. Si las dos partes de un conflicto van a defender sus posiciones, solamente saldrán como han entrado.»

A esa altura todo era irreconciliable.

El primer orador en la lista era el presidente Daniel Ortega, pero en ese momento Lesther Alemán asaltó la palabra. «¡Ahorita, dale!», le dijo uno de sus compañeros. Los ojos de la vicepresidenta Murillo se hundieron, el comandante Ortega estuporoso, cuando el muchacho flaco con los gruesos anteojos de nerd inofensivo se levantó y alzó la mano para reafirmar la interrupción.

«No estamos aquí para escuchar un discurso que por doce años lo hemos escuchado. Presidente, conocemos la historia; no la queremos volver a repetir. Usted sabe lo que es el pueblo. ¿Dónde radica el poder? En el pueblo. Estamos aquí y hemos aceptado estar en esta mesa para exigirle ahorita mismo que ordene el cese inmediato de los ataques que están cometiendo en nuestro país, represión y asesinatos de las fuerzas paramilitares, de sus tropas, de las turbas adeptas al gobierno. Ahora, usted sabe muy bien el dolor que hemos vivido en veintiocho días. ¿Pueden dormir tranquilos? Nosotros no hemos dormido tranquilos, estamos siendo perseguidos, somos los estudiantes. Y por qué estoy hablando, porque nosotros hemos puesto los muertos, nosotros hemos puesto los desaparecidos, los que están secuestrados, nosotros los hemos puesto...»

Escuchaba a Lesther por la radio mientras salía de la ciudad de Matagalpa, al norte del país, después de reportear la historia de William, un bebé de un año que recibió un balazo policial en la tráquea. Ignoraba quién era la persona que desafiaba a Ortega de esa forma tan descarnada. La transmisión radial emitía una voz recia que martillaba cada frase a tal punto que no había espacio para distraerse ni un segundo, a pesar de que frente a nosotros un grupo de policías golpeaba contra una pared a unos jóvenes matagalpinos.

«Esta no es una mesa de diálogo, es una mesa para negociar su salida», sentenció Lesther y la breve pausa que hizo, como tres puntos suspensivos levitando sobre el tenso ambiente en el Seminario Fátima, abrió camino para una recriminación que comparó al mandatario con el mismo dictador que él una vez combatió y derrotó de joven: «En un mes usted ha desbaratado al país; a Somoza le costó muchos años, y usted lo sabe muy bien, nosotros conocemos la historia, pero usted en menos de un mes ha hecho cosas que nunca nos imaginamos y que muchos han sido defraudados por esos ideales que no se han cumplido, de esas cuatro letras (FSLN) que le juraron a esta patria ser libre y hoy seguimos esclavos, hoy seguimos sometidos, hoy seguimos marginados, hoy estamos siendo maltratados. Cuántas madres de familia están llorando a sus hijos, señor. Vicepresidenta, usted es madre, sabe del dolor. Pero por hablar cada mediodía no nos va a apagar. El pueblo está en las calles, nosotros estamos en esta mesa exigiéndole el cese de la represión. Sepa esto, ¡ríndase ante todo este pueblo! Pueden reírse, pueden hacer las caras que quieran, pero le pedimos que ordene el cese al fuego ahorita mismo, la liberación de nuestros presos políticos. No podemos dialogar con un asesino, porque lo que se ha cometido en este país es un genocidio...»

«Lesther Alemán», como símbolo, nació en ese preciso instante, pero también se condenó. Su madre, Lesbia Alfaro, intuyó lo último en la cocina de la casa de Villa Feliz. «Cuando lo vi en la televisión sentado me dije en mi mente:

"Ay Dios mío, ¿qué hace Lesthercito allí? Pero cuando se paró a hablar, ay yo no sé..., corrí de un lado para otro en la casa. Su papá me llamó y me dijo: "Mirá lo que hizo ese muchacho jodido; todavía le dije que no fuera. Ahora ese tal por cual [Daniel Ortega] no sé si lo va a dejar salir vivo." Cuando él me dice esas palabras, fui a arrodillarme al cuarto y le dije al Señor mío Jesucristo que me diera la oportunidad, de que si ese hombre me lo mataba, de recogerlo.»

(El embate de las protestas ciudadanas no consiguió interrumpir la permanencia en el poder de los Ortega-Murillo, esa dupla que ahora se declara víctima de un «intento de golpe de Estado», promovido según la pareja presidencial por estudiantes como Lesther, curas de la Iglesia católica, empresarios –sus aliados más recientes–, integrantes de sociedad civil, campesinos y ciudadanos en general. La demanda de un adelanto electoral, de democracia y justicia para las víctimas fatales, ha sido sepultada por la impunidad y la persecución contra todos los que se alzaron contra las fallidas reformas a la seguridad social impuestas por los Ortega-Murillo y la consiguiente represión. Más de doscientas mil personas han salido al exilio y quienes continúan dentro de Nicaragua callan para no ser engullidos por la represión en todos sus niveles, que está en las instituciones públicas, en las ciudades, en los barrios... La Fiscalía y los jueces celebran juicios políticos en los que, por ejemplo, imponen condenas de hasta 216 años a líderes sociales por cargos de «terrorismo» y «crimen organizado». En paralelo, centenas de madres se agolpan en los portones de las prisiones implorando que los maltratos cesen en las celdas y les permitan ver a sus hijos. Pareciera que el grito de Lesther no ha servido de mucho y su liderazgo, según muchos otros estudiantes, se ha difuminado con el avance de los meses. Peor aún, muchos creen que la oposición erró al televisar el diálogo nacional y le facilitó tiempo a Ortega para armar en ese lapso a los grupos paramilitares. Es difícil establecer responsabilidades en este momento, cuando la maquinaria represiva sigue pavimentando horrores.)

Lunes 7 de octubre de 2019. El avión se aproxima a la pista de aterrizaje del Aeropuerto Internacional de Managua. Las piernas comenzaron a temblarle. Comenzó a arrugar el papel que llevaba en las manos. Ya se había aprendido las líneas generales que preparó para los medios de comunicación que lo iban a recibir tras un año en el exilio. «Ese ya era Lesther Alemán», dice Tifani Roberts, una avezada periodista que acompañó al universitario en su retorno a Nicaragua. «Siempre que daba una declaración pública la escribía, la meditaba, porque le preocupa mucho su figura; es decir, sabe lo que su figura significa y por eso siempre ha cuidado sus palabras, porque en exilio, cuando anduvo en viajes haciendo activismo, intentaba unir las desuniones entre opositores.»

El avión tocó tierra y el universitario se puso a llorar. «Ese todavía era Lesther, el chavalo, no Lesther Alemán», describe Tifani. Ella trabaja para una cadena de televisión estadounidense pero nunca ha perdido el vínculo con Nicaragua, su tierra. Cuando estallaron las protestas en 2018, la reportera vino al país y logró conectar con los jóvenes que lideraron el levantamiento popular. Así conoció a Lesther. Una de las cualidades que Tifani tiene como reportera es su capacidad para cultivar fuentes de forma tan espontánea y darles seguimiento; no las olvida porque entiende que la historia no se acaba cuando finaliza una entrega para el noticiero. Genera confianza y logra lo que los cronistas enseñan en sus talleres: estar allí sin llamar tanto la atención para que los personajes actúen sin fingir; que les aflore la naturalidad cotidiana. Por eso Lesther lloró sin pudor en el avión ante ella.

Lesther llegó al cubículo de migración y el agente que lo atendió lo detuvo. Le preguntó por qué no tenía un sello de salida. El universitario le explicó sus razones y el agente se llevó su pasaporte. Se metió a un cuarto por unos minutos y al regresar selló el ingreso de Lesther, pero antes le dijo: «Bienvenido a la tierra de Sandino y Carlos Fonseca», las dos figuras hagiográficas del sandinismo, para que no olvidara que la tierra que pisaba tenía dueño.

Al final, Lesther pasó un año exiliado. Pintar casas en Miami no le duró mucho, porque se dedicó a viajar a diferentes actividades en la diáspora y de forma constante visitaba Costa Rica para llevar ayuda monetaria a los exiliados que pasaban penurias en ese país. Su retorno a Nicaragua estuvo signado por la esperanza que despertó el proceso electoral fechado para noviembre de 2021. Entre la presión internacional y la interna, el régimen Ortega-Murillo liberó a una parte de los presos políticos y abrió mínimos espacios para que los opositores pudieran organizarse como una fuerza política. Sin embargo, todo fue un espejismo en dos sentidos. El primero porque el estado policial *de facto* nunca dejó de acosar a los críticos, y Lesther volvió a vivir de manera casi clandestina, al igual que otros opositores. Y segundo porque la oposición nunca pudo ponerse de acuerdo en un solo bloque para enfrentar a Ortega en las elecciones generales.

En junio de 2021, cuando las diferencias de los opositores parecían haberse agotado, y se habían puesto de acuerdo para la escogencia de un candidato único para enfrentar a la pareja presidencial en los comicios generales, una feroz escalada represiva dislocó todo el panorama sociopolítico en el país. La policía inició una cacería nocturna de opositores, entre ellos todos los precandidatos presidenciales. De esa forma, los Ortega-Murillo liquidaron el proceso electoral y volvieron a recurrir a su fiscalía para criminalizar a la disidencia. Al menos cuarenta y dos personas fueron capturadas hasta septiembre de 2021, entre ellas Lesther.

La noche de la captura, el 5 de julio de 2021, el universitario estaba en Villa Feliz con su mamá. Él ya sabía que lo andaban siguiendo. A los compañeros que lo acompañaban en una casa de seguridad les dijo que tenía que ir a Villa Feliz a buscar un documento, algo inusual porque la familia no tenía casi nada en esa vivienda. Lesbia Alfaro tiene la sospecha de que Lesther quería despedirse. Así como no le dijo nada cuando llegó a golpear la puerta a Hialeah, en Miami, con el pelo pintado de rojo y disfrazado como punkero, o como cuando en 2020 no le contó que se contagió dos veces de la covid-19, Lesther no le dijo que había asumido la decisión de enfrentar la cárcel antes de volver a exiliarse, como miles de nicas que han huido del país debido a la escalada represiva que inició en junio de 2021, en un nuevo éxodo hacia Estados Unidos y Costa Rica.

«A las tres horas de haber llegado a la casa, los policías se lo vinieron a llevar. Fue terrible, era un operativo como que se estaban llevando a El Chapo Guzmán», relata Lesbia Alfaro. Los policías golpean los portones y entonces les pregunto qué pasaba. Comienzan a romper el portón cuando Lesther sale y les dice: «No dañen el portón.» Él abre la puerta y de inmediato unos siete policías le caen encima. La madre intenta defender a su hijo. Arrebatarle a los policías a Lesther, pero uno de los oficiales la aparta bruscamente.

—Madre, hágase a un ladito —le dice el muchacho a su madre–. No quiero que la golpeen.

—Al comandante se respeta, ¡jueputa! –grita cada policía después que le asestan puñetazos a Lesther.

—Madre, sea fuerte, sea fuerte –alcanza a decir el capturado.

—Yo te amo, mi niño, yo te amo. Sé fuerte vos –reconforta Lesbia desde los brazos de un policía que la retiene.

Lesbia Alfaro no llora. Ni una sola lágrima partida a la mitad. Está llena de cólera. Al siguiente día, a primera hora, se dirige a las celdas de la Dirección de Auxilio Judicial, conocidas como El Chipote. Los policías le niegan a Lesther. De hecho, no lo podrá ver durante más de ochenta días, hasta que el régimen le permite visitarlo solo diez minutos. El muchacho está demacrado, casi traslúcido, por la mala alimentación y el aislamiento prolongado que sufre en prisión. Los huesos parecieran estar a punto de rasgarle la piel morena que ahora, a falta de sol en el encierro, es pálida. «Que Dios les toque el corazón y me permitan pasarle alimentos y que un médico lo atienda», dice Lesbia con desasosiego.

Días después, el abogado defensor asiste al juicio en contra de Lesther que se celebra a puertas cerradas en la misma prisión donde está encerrado. El deterioro físico es más grave y el muchacho empieza a tener desvaríos mentales. Está al borde del colapso físico y mental. «Apenas puede sostenerse en pie», me dice el abogado.

–¿Y qué le dijo Lesther? –trato de averiguar con el abogado.

Como una plegaria de un alma en el purgatorio alzada por una voz marchita.

–Nada. Solo repetía y repetía: «Tengo hambre, tengo hambre, tengo hambre.»

3 de febrero de 2021. El Chipote

Los policías llegaron a sacarlo de la celda y en ese momento le informaron que iba a su juicio. Lesther Alemán estaba desconcertado. La audiencia se realizó a puertas cerradas en la prisión de El Chipote y el universitario ni siquiera pudo hablar con su abogado. El juicio fue exprés, duró apenas unas horas, y la judicial Nadia Camila Tardencilla Rodríguez no dejó que el defensor del joven hablara.

En la sala estaba la judicial, el acusado, los abogados de la fiscalía y dos operadores políticos sandinistas que tomaban notas y apresuraban la audiencia. El defensor de Lesther, por miedo a represalias, no protestó más por las irregularidades del proceso. Los fiscales pidieron quince años de cárcel contra el joven y las pruebas presentadas fueron un perfil falso de Facebook, dos videos de entrevistas y fotografías. Nada más. Eso era necesario para declararlo «culpable» por el delito de «conspiración para cometer menoscabo a la integridad nacional». Lesther protestó, con su voz desgastada por las torturas y los interrogatorios, pero la jueza lo calló. El régimen odia su voz. «¡Aunque sea su derecho, no se le permite hablar!», conminó Tardencilla Rodríguez. El joven se escuda en una sola frase: «¡Soy inocente!», dijo ante los custodios, que lo sentaran y lo callaran. En los medios oficiales no se informa del juicio de Lesther, pero sí se hacen eco de las palabras de Rosario Murillo: «Más allá del odio, del crimen organizado que quisieron hacer y no pudieron y no podrán.»

CHILE

Octubre no ha terminado

Yasna Mussa

I

Un caballo flota en el aire.

Eran pasadas las dos de la mañana de un viernes de marzo de 2021 cuando el caballo de bronce donde estaba montado el general Manuel Baquedano se elevó colgando de una grúa para ser posado sobre un camión. La estatua, que pesa casi cuatro toneladas, fue removida del sitio donde permaneció noventa y tres años y esa noche sonaron dianas y trompetas para despedir su traslado. Un grupo de militares le rindió honores, mientras del otro lado de la calle se escuchaban abucheos y algunos gritos.

El protagonismo que ha tenido Baquedano en los últimos diecisiete meses no se debe a los relatos sobre las hazañas del militar cuando era apenas un joven de dieciséis años. Tampoco por haber participado en la ocupación de las tierras mapuche en la Araucanía a mitad del siglo XIX. Este monumento se hizo célebre por lo que ha pasado a su alrededor: Baquedano, el personaje por el que esta plaza lleva su nombre, se convirtió en el epicentro de las manifestaciones más grandes que ha tenido Chile desde el retorno a la democracia. Es allí, en la bautizada Zona Cero, donde el mito del oasis chileno comenzó a desaparecer cuando cada semana se libraba una batalla que tenía como símbolo la estructura del

169

caballo. Como si el poder se midiera en la cantidad de rayas o capas de pintura que exhibiera.

Todo comenzó un día de octubre, también viernes. Las estudiantes estaban amontonadas a las afueras del Liceo N.º 7 de Niñas Luisa Saavedra de González en la comuna de Providencia. Del otro lado, las fuerzas especiales de la policía de Carabineros formaban un muro con sus escudos y las estudiantes gritaban tantas consignas e insultos que sus palabras se hacían indistinguibles.

Llevaban dos semanas saltando los torniquetes del metro. *Evadir, no pagar, otra forma de luchar,* gritaban furibundas, con sus voces agudas de adolescente. Y ese viernes 18 estaban paradas firmes, decididas a esperar el primer descuido y bajar corriendo las escaleras hacia el subterráneo del metro e incluso botar la reja de ser necesario. No era la primera vez. Ya lo habían hecho estudiantes de distintos colegios y liceos en otros puntos de la capital chilena cuando decidieron protestar por el anuncio del alza de la tarifa de 30 pesos. El valor del ticket de estudiante no se vería alterado, pero los jóvenes se manifestaban por sus padres, por sus madres, por sus abuelos. Por ese casi 50 % de la población que día a día se desplaza en el transporte público de Santiago.

–Queremos que bajen el pasaje del metro porque algunos de nuestros padres ganan el sueldo mínimo y que les quiten la mitad del sueldo no es justo –dijo una estudiante del Liceo 7.

–Porque suben el pasaje y no suben el sueldo –la interrumpió otra.

–Claro, porque hay gente que con la mitad del sueldo paga el agua, la luz y se lo están quitando, indiscriminadamente, se lo están quitando –siguió la primera.

Ese mediodía, cuando el sol de primavera comenzaba a quemar, las estudiantes acomodaban sus uniformes –jumper sobre las rodillas, blusa blanca, medias bajo las rodillas–, sus mochilas y algunas cubrían sus rostros con pañoletas. Tres de las seis líneas del metro estaban cerradas y ya se había perdido la cuenta del número de estaciones fuera de servicio. A esas alturas, las estudiantes no eran las únicas que burlaban la barrera. Una mujer que sobrepasaba la cincuentena sostenía con su cartera la puerta lateral mientras los chicos pasaban triunfantes, gritando, alzando los puños y sus mochilas. Un anciano de pelo escaso pagaba su billete pero decía casi a los gritos que los chicos tenían razón, que hasta cuándo el abuso.

A medida que se cerraban o suspendían los trayectos las calles comenzaban a desbordarse de pasajeros que salían del subsuelo y continuaban su destino a pie, caminando en masa. Con las horas la situación se volvía más densa y caótica, pero el gobierno abrazaba su posición como si de eso dependiera su legado: Cecilia Pérez, la vocera, salió a condenar la evasión y trató a los estudiantes de delincuentes. La ministra de Transporte, Gloria Hutt, quien había anunciado el alza del billete, cerró toda posibilidad a rebajar el precio. Sebastián Piñera, el presidente, dijo más temprano que evaluaba la posibilidad de aplicar la Ley de Seguridad del Estado. Solo nueve días antes, invitado en un programa de televisión abierta, el mandatario chileno pronunció una frase que, sin saberlo, se transformaría en una condena.

–En medio de esta América Latina convulsionada veamos a Chile: nuestro país es un verdadero oasis con una democracia estable, el país está creciendo, estamos creando ciento setenta y seis mil empleos al año, los salarios están mejorando –decía orgulloso Piñera–. Mientras más veo las crisis, más tenemos que apreciar nuestro país.

Pero Sebastián Piñera no reconocía la crisis que tenía frente a él: lo que veía como la excepción del continente en realidad es, según la OCDE, uno de los tres países más desiguales de Latinoamérica. La ira acumulada por años a causa

171

de la inequidad social, la impunidad en casos de corrupción o el excesivo endeudamiento de gran parte de la población comenzaba a expandirse como la lava de un volcán que entra en actividad después de décadas. Ese 18 de octubre de 2019 el país estalló y encontró al presidente comiendo pizzas en un restaurante de Vitacura, un exclusivo barrio de Santiago, celebrando el cumpleaños de uno de sus nietos. La imagen se viralizó como una prueba de la desconexión que había demostrado su segundo gobierno en los pocos meses que llevaba en el poder.

En varios puntos de la ciudad el tránsito se interrumpía con barricadas. En la misma comuna de Providencia, donde más temprano las estudiantes del Liceo 7 de Niñas se organizaban para saltar torniquetes, por la noche tumbaban semáforos, se quemaban neumáticos y vecinos de todas las edades salían golpeando cacerolas con cucharas de madera para protestar por el alza en el transporte público.

Que la plaza Baquedano fuese un punto de encuentro para las manifestaciones no era novedad, pues ha sido el epicentro histórico de reuniones masivas: desde celebraciones por algún triunfo de la Selección Nacional de Fútbol hasta demandas por una educación de calidad. Lo curioso es que la protesta comenzaba a «subir» hacia Providencia y Las Condes, donde subir quiere decir literalmente acercarse a la cordillera de Los Andes, como también al estatus de clase media y media alta que, hasta esa primavera, había permanecido ajeno a la protesta social. Esa noche de viernes un hombre joven, despeinado, con olla y cuchara en mano, algo excitado por lo que pasaba a su alrededor, pronunció una frase que pasó a resumir el descontento general y que se transformaría en un lema popular: «No son 30 pesos, son 30 años.»

II

El día que el metro de Santiago se paralizó, una voz anunciaba por los altavoces que se suspendía el servicio. Miles de personas salieron del subterráneo para intentar llegar a sus destinos como pudiesen: los buses estaban saturados de pasajeros y la gran mayoría, que esa tarde de octubre se dirigía a sus casas luego de un día de trabajo, no tuvo más opción que caminar. Makarena Sagredo –estudiante de enfermería, veintiocho años– no entendía lo que pasaba. Más temprano había visto en la televisión los disturbios que ocurrían en distintos puntos de Santiago y a la gente protestando en las calles. Asumió que debía caminar hasta su casa muy cerca de la plaza Baquedano y mantenerse alejada de las aglomeraciones. Sentía miedo.

–La televisión genera esta terapia de choque para que la gente como yo no se manifestara, no saliera y estuviera en la casa con miedo –dice Makarena.

La madrugada del sábado 19 de octubre, el gobierno de Piñera decretó el estado de emergencia, lo que no hizo más que avivar la tensión. La ciudad se llenaba de humo con barricadas, autobuses en llamas y el tránsito interrumpido. Los cacerolazos se trasladaron del espacio íntimo que supone un balcón, una ventana, y ahora en las esquinas había personas cargando sus ollas viejas y cucharas. El golpe de la madera contra el aluminio marcaba el ritmo y los automovilistas respondían de manera espontánea tocando sus bocinas al compás. Luego venía el silencio y otra vez el sonido de sirenas, carros policiales, ambulancias y bomberos. De fondo se escuchaban helicópteros sobrevolando la ciudad.

Cuando los militares salieron a las calles, la gente estaba demasiado eufórica como para retroceder, aunque las imágenes revivían los traumas de la dictadura de Augusto Pinochet que aún siguen muy presentes en la vida cotidiana. Desde el regreso a la democracia, en 1990, los militares solo salieron a las calles exhibiendo sus armas y sus tanques en contadas ocasiones: en desastres naturales como sismos o maremotos y actividades oficiales de las fuerzas armadas. Esta era la primera vez que volvían al rol que tuvieron durante esos diecisiete años: vigilancia, control y asedio. Junto con la presencia de los uniformados las imágenes del metro ardiendo se sumaban al impacto de la gente que no entendía cómo, en menos de veinticuatro horas, el país en el que vivía había dejado de existir. Más de dos millones de personas usan ese medio de transporte en el que seis líneas conectan los puntos más distantes de la ciudad. Gente que volvía del trabajo y usaba los trenes para acortar un trayecto que de otra forma le tomaría más de dos horas, se quedaba petrificada afuera de las estaciones viendo cómo los vagones se volvían cenizas.

Esos primeros días hubo 308 detenidos, 167 heridos y 41 estaciones de transporte público con daños severos. Makarena Sagredo veía la destrucción de la ciudad por la televisión y confirmaba su rechazo. Dice que no entendía el sentido de vandalizar ese espacio común que es la calle. Nadie en su familia había participado en manifestaciones. Ella tampoco. Por eso recuerda con distancia lo que ocurrió en 2011 durante el movimiento estudiantil chileno, cuando los jóvenes llenaron portadas de medios internacionales. Durante meses, los estudiantes secundarios y universitarios tomaron las calles, escuelas, facultades, liceos y sedes de sus lugares de estudio para exigir educación de calidad. Por esos días los manifestantes convocaron a marchas multitudinarias, leyeron petitorios y se subieron a grandes escenarios para dirigirse con determinación a una multitud que los ovacionaba.

Pero si hubo algo que caracterizó esas protestas fueron las decenas de performances que se realizaron para expresar sus ideas. Aún hoy es posible encontrar en YouTube videos en los que cientos de estudiantes bailan una coreografía a la que llamaron «El Thriller por la Educación» frente al palacio de La Moneda, versionando la clásica canción de Michael Jackson, vestidos y maquillados como zombies. O una maratón de besos en la plaza de Armas de Santiago para demandar educación gratuita y de calidad.

–Yo vivía como en otra realidad. No me interesó tampoco ir a las manifestaciones. Pero siempre me topé con ellas. Como yo vivía en el centro era difícil llegar a la universidad porque estaban las manifestaciones e incluso una vez me mojó el guanaco. Entonces nunca me motivé –dice Makarena Sagredo, como si intentara explicarse a sí misma por qué se mantuvo ajena a aquellas convocatorias a las que gran parte de su generación adhirió con entusiasmo.

De este movimiento surgieron liderazgos como los de Camila Vallejo, Giorgio Jackson o Gabriel Boric, nombres que permanecen en la política y que pasaron a ocupar un lugar en el Congreso Nacional. Por ese entonces, Sebastián Piñera cumplía apenas un año de su primer mandato cuando debió enfrentarse a jóvenes politizados que hablaban de manera elocuente y debatían en programas de televisión de igual a igual con los ministros de su gobierno. Era el coletazo de la Revolución Pingüina, llamada así en alusión al uniforme que usan los estudiantes chilenos, y que en 2006 había avivado a buena parte de los secundarios. Fueron adolescentes con rostros aún púberes que irrumpieron en medio del primer gobierno de Michelle Bachelet vestidos con sus jumpers azul marino, pantalones grises y camisas blancas quienes lograron un alzamiento masivo a favor del derecho a la educación y en contra de la privatización del sistema educativo chileno que impuso la dictadura de Pinochet.

Ocho años después de esas olas que en 2019 se convirtieron en marea, Makarena Sagredo, a quien nunca le interesó la política y la única vez que votó lo hizo por Sebastián

Piñera, decidió dar un paso. Fue a fines de octubre, momento en el que las protestas comenzaron a ser diarias, cuando la estudiante de enfermería quiso ver de cerca lo que sucedía en las calles. Se enteró de que cada miércoles los profesionales de la salud salían a marchar y por primera vez sintió que ella debía estar ahí. Fue a una marcha. Y luego a otra. Y a otra. Quería saber si ocurría lo mismo que veía en la televisión.

–Comencé a ver que lo que se decía en la tele no era para nada lo que se vivía en ese momento –dice Makarena, que hasta ese momento dedicaba su tiempo libre a leer novelas románticas, practicar yoga y *twerk,* como se le conoce al perreo: el baile que se hace con movimientos pélvicos sensuales al ritmo del reguetón.

En esas tardes de octubre de 2019 algo comenzó a cambiar en ella. Asistir con sus compañeros y futuros colegas a las manifestaciones por la salud despertó un compromiso que hasta ese entonces estaba dormido. De pronto vio un aviso publicado en las redes sociales del centro de alumnos de su universidad: un llamado para que los estudiantes se inscribieran como voluntarios de las brigadas de primeros auxilios y atendieran a los heridos que iban dejando los enfrentamientos y la represión policial. Tanto la rectoría como los profesores apoyaban la iniciativa, así que Makarena sintió confianza y asistió al primer llamado.

–Lo que más me impactó fue que la unión que había era superemocionante. Existía una vibra. Estábamos todos dentro de una misma causa –dice Makarena sentada en un café muy cerca de plaza Baquedano–. Como que las personas que se manifestaban eran una, por así decirlo. Se complementaban.

Makarena dice que también le impactó el nivel de represión. Que la policía comenzara a disparar lacrimógenas sin que existiera violencia del otro lado. Que vio esa actitud policial incluso a plena luz del día, por la mañana, cuando los que se manifestaban eran sus colegas del gremio de la salud, todos médicos, enfermeras o técnicos que luego de recibir gases lacrimógenos y agua contaminada debían volver a los hospitales. Allí la estudiante de enfermería que nunca había trabajado en un hospital y que no conocía los códigos de las manifestaciones tuvo que aprender a reconocer un hematoma o un daño ocular provocado por un perdigón en ese campo de batalla en el que se fue transformando la plaza Baquedano. Fue una práctica profesional inesperada, que se adelantó a su currículum oficial. Bajo los disparos, el humo, las piedras y la confusión, Makarena tuvo que saber reaccionar como se hace en las situaciones extremas: por instinto.

Allí vio cómo la policía disparó directo al pecho de uno de los voluntarios, que resultó ser un hijo de carabinero que participaba activamente como uno de los treinta voluntarios que componían la Brigada Universidad Santo Tomás (UST) y quien por unos meses se convertiría en su novio.

Frente al monumento de Baquedano que mutaba con los días y a un costado del teatro de la Universidad de Chile, el mismo sitio que semanas antes acogía conciertos de música clásica y a la camerata vocal de la misma universidad, la Brigada UST había instalado su punto de primeros auxilios. Los profesores les entregaron insumos médicos que sacaron de los laboratorios de la facultad, pero luego fueron vecinos y manifestantes quienes llegaron a donar alcohol, vendas, curitas, agua oxigenada y todo lo que necesitaban para completar el botiquín. Cada vez que terminaba su turno como voluntaria y por recomendación de otros miembros más experimentados, Makarena se cambiaba de ropa en un rincón porque temía ser identificada por la policía civil infiltrada y recibir algún tipo de represalia.

Este mediodía Makarena Sagredo lleva los ojos delineados con precisión y los labios pintados de rojo intenso. Solo dos de sus tres tatuajes saltan a la vista y tiene un piercing en la nariz. Cuesta imaginarla bajo un overol, esquivando lacrimógenas. Sus ojos se achican en una sonrisa melancólica cuando recuerda ese paréntesis que vivió hace un poco más de un año y que le cambió la mirada de manera inesperada. Dice que siempre conversó con sus padres sobre la actualidad o lo que pasaba en el país. Sabía que ellos respaldaban las medidas del gobierno y que no estaban de acuerdo con el repentino cambio de su primogénita. Ambos trabajan en el Instituto Nacional de Estadísticas y, aunque tienen una vida sin mayores sobresaltos económicos, también han debido endeudarse para pagar la educación de dos de sus tres hijos con el Crédito con Garantía Estatal (CAE), una alternativa de financiamiento para quienes acceden a la educación superior. Solo entre 2006 y 2018 los bancos habían entregado más de 7.000 millones de dólares en estos créditos dejando a buena parte de la población con deudas interminables.

—Mi papá me apoyó, pero me dijo que tenía miedo por lo que estaba pasando en la plaza —me dice Makarena con una sonrisa, como quien recuerda una travesura—. Mi madre no me habló durante un mes.

III

Este domingo 20 de octubre la plaza ya no luce igual. La presencia permanente de carabineros –la policía chilena que viste de verde y es cuestionada por el uso excesivo de la violencia y actos de corrupción– y los desechos de la noche anterior repartidos por varias esquinas interrumpen el tránsito habitual de fin de semana. La figura del general Baquedano permanece en el centro casi impoluta, con apenas algunos rayados menores. La estación, donde convergen dos de las principales líneas de metro, está cerrada, al igual que los quioscos de diarios y revistas. Algunos propietarios de cafés y restaurantes se asomaron para evaluar si valía la pena levantar las persianas y comenzar a trabajar. Pero antes de tomar cualquier decisión volvieron los enfrentamientos. La gente se acerca a la plaza asumiendo que allí es el encuentro. No hubo convocatoria, comunicados o llamamiento oficial. Los manifestantes –ancianos, jóvenes, mujeres, adolescentes, adultos, padres y madres con hijos– llegaron convocados por la rabia, por las más diversas causas. Algunos plasmaron sus demandas en letreros. Educación de calidad ahora. No tenemos miedo. Este país nos condena a la miseria.

Sharon Olivares, una joven cuyo cuerpo menudo no le impide levantar sobre sus hombros un inmenso cartel, cree que lo que los convoca a todos es lo mismo. Dice que el abuso los tiene cansados de que se rían en sus caras. Que da igual el partido, derecha o izquierda: que están aburridos de todos los abusos al pueblo chileno en salud pública, en el transporte, que es lo que empezó todo pero fue la gota que rebasó el vaso. En enormes letras negras escribió que estaba ahí en nombre de su abuela, que murió esperando por más de un año una cama en el hospital para tratar su cáncer.

Su reclamo hace sentido en un país donde solo entre enero y junio de 2018 casi diez mil personas fallecieron mientras permanecían en listas de espera en el sistema público. En el que familiares y amigos deben organizar bingos o endeudarse por años para pagar los costosos tratamientos que no están cubiertos por el Estado. Una realidad que después me confirmará Makarena Sagredo, pues se repite en el día a día de la mayoría de los hospitales y centros de salud públicos, como aquel de Peñaflor donde ella realizó su práctica profesional y vio cómo los reclamos que enumeraban sus colegas en las marchas de octubre se materializaban frente a sus ojos.

Al igual que Makarena o Sharon Olivares, otros cientos de miles sintieron el impulso que antes faltó y se sumaron a las calles como militantes de una causa común, sin partidos ni liderazgo. En la plaza no hay banderas partidistas. Tampoco personas con megáfonos organizando a las masas. Este domingo solo ondean símbolos como la estrella mapuche, el arcoíris plurinacional o el de los colectivos LGTBIQ+. No hay jefes ni comandos, solo miradas cómplices y códigos implícitos. La gente improvisa como se hace en una pista de baile: mirando al de al lado, copiando los pasos. Cuando cae una lacrimógena, algunos corren en la misma dirección. Otros sacan limones de sus bolsillos o mochilas y, arrugando la cara, muerden con fuerza para que el cítrico alivie la irritación en la nariz y los ojos y les permita retomar el aliento. En la esquina hay una mujer con los ojos cerrados, llenos de lágrimas, sin poder avanzar. El policía vuelve a la carga y, antes de disparar nuevamente, una chica toma la mano de la mujer, la guía con fuerza y le pasa un poco de bicarbonato. La mujer con el rostro contraído logra entreabrir los ojos, le da las gracias y corre hasta desaparecer entre la multitud. La dinámica se repite y el número de heridos y detenidos sigue aumentando en el reporte oficial.

Más tarde el presidente se dirigirá al país para pronunciar una frase que solo ayuda a profundizar aún más el malestar.

«Estamos en guerra contra un enemigo poderoso, implacable, que no respeta a nada ni nadie», dirá Piñera mirando a la cámara, en cadena nacional, sin sospechar el efecto que tendrán sus palabras. Lejos de cualquier autocrítica, el mandatario dirá que existen grupos organizados que están en conflicto con todos los chilenos que quieren vivir en democracia.

Más avanzada la noche, cuando la plaza estaba casi vacía, solo con policías y militares custodiando, una luz atravesó el lugar proyectando una imagen enorme: sobre un edificio alto y con forma de celular antiguo se leía la palabra DIGNIDAD.

El estudio Delight Lab, un espacio de arte y diseño que se ubica justo al otro extremo de la Zona Cero, como se le comenzará a llamar después a este lugar, resumió en un concepto la razón que más se repetía en cada manifestante. Era una manera de burlar el toque de queda que se imponía y una respuesta a la declaración de guerra del presidente.

IV

Una tarde de octubre, antes de que fuese 18, Lissette Reveco revisó su Instagram como lo hace cada día. Tanto para ella como para sus amigas, esta red social se ha convertido en su vía de comunicación y en una fuente de información para compartir gustos, tendencias, noticias y convocatorias. Fue allí donde vio por primera vez que estudiantes del liceo emblemático Instituto Nacional estaban saltando los torniquetes y evadiendo el pasaje como protesta al alza anunciado por el gobierno. Junto a sus compañeras del primero medio del Liceo 7 de Niñas de Providencia decidieron repetir la acción justo afuera de su lugar de estudios, en la estación de metro Pedro de Valdivia.

En tiempos virales, las secundarias habían encontrado una forma de echar a correr la voz y organizar movilizaciones usando las mismas herramientas con las que pasan sus ratos de ocio: con memes y *stories*. Ya en 2018, en medio de la ola feminista chilena, se habían sumado ocupando los establecimientos y realizando cortacalles para replicar las acciones que coordinaban por Instagram desde distintos puntos de la capital y del país.

Es una tarde de agosto de 2021 y Lissette Reveco llega con su padre a un café cerca de su liceo. Acaba de volver a clases híbridas –semipresenciales– luego de un año virtual por causa de la pandemia. Viste unos jeans y una chaqueta decorada con un parche de Johnny Depp. Hoy lleva el pelo suelto, unos aretes grandes con forma de corazones, los ojos delineados y un piercing en el extremo derecho del labio que la hacen parecer mayor de los diecisiete años que en realidad tiene. Pero apenas comienza a hablar el gesto risueño de sus ojos la devuelve al perfil de adolescente tímida, de pocos amigos, que pasa gran parte del día estudiando para conseguir un cupo en la carrera de medicina dentro de un par de años.

Para Lissette los días del estallido se confunden en un espacio de tiempo que ha quedado atrapado entre aquellos días cuando comenzaron las evasiones del metro y el año de cuarentenas y distancia social al que nos ha obligado la situación sanitaria. Por aquel entonces, dice, sus días transcurrían entre sus clases, las idas con sus amigas a una plaza o al mall después del colegio y escuchar su música favorita: el K-pop.

Dice, también, que ninguna de sus compañeras o amigas tienen interés en los partidos políticos. Que ahora ve lo del estallido, con la distancia del tiempo, como una acumulación de cosas que estaban mal y que aunque a su generación no le afectan directamente, para ellas es una preocupación ver cómo sus padres deben lidiar con las deudas o sus abuelos con las bajas pensiones a la que los ha condenado el sistema de las Administradoras de Fondos de Pensiones (AFP). Aunque el Liceo 7 de Niñas está ubicado en una comuna acomodada al oriente de la ciudad, la mayoría de las estudiantes como Reveco vienen de otras comunas de la región Metropolitana. Algunas, dice Lissette, vienen de zonas periféricas o alejadas como San Bernardo, Maipú o San Miguel, por lo que pasan más de dos horas en el transporte público. Son justamente estos liceos de excelencia o emblemáticos los que representan una esperanza para las familias que no pueden pagar un colegio privado que les asegure un cupo en la educación superior. Obtener una matrícula no es fácil, y cuando se consigue, las estudiantes y sus padres están dispuestos a realizar sacrificios como atravesar la ciudad cada día para acceder a una educación de calidad en un país donde solo el 30 % de los estudiantes municipales que rinden la Prueba de Selección Universitaria (PSU) consiguen ingresar a las universidades prestigiosas o tradicionales del país.

Aunque Lissette solo tarda una media hora en metro desde su casa hasta su sala de clases, tampoco vive en esta comuna. Para ella ingresar al Liceo 7 ha significado también participar de un espacio crítico, con asambleas y discusiones, quizá la marca en común con los otros emblemáticos de la capital.

Cada vez que en el país se discute un tema trascendental, Lissette Reveco y sus compañeras realizan cabildos o jornadas de reflexión junto al resto de las alumnas de su liceo. Por eso mismo, el 8 de marzo de 2019, siete meses antes del estallido, asistió por primera vez a la marcha del 8M convocada por organizaciones feministas para el Día Internacional de la Mujer. Ese día, recuerda, su mamá la acompañó y juntas se emocionaron al participar masivamente en una marcha a favor de los derechos de las mujeres, un tema que estaba instalado entre su grupo de amigas y con quienes compartía publicaciones como el derecho al aborto a través de Instagram.

–Cuando hablamos con mis amigas sobre ese año siempre decimos que ese fue el mejor que tuvimos dentro del liceo, porque lo disfrutamos mucho y emocionalmente estábamos bien –me dice Lissette, como si recordara con nostalgia décadas pasadas y no solo un par de años.

Fueron meses intensos para una generación clave en el estallido social y que, a diferencia de los movimientos anteriores, ha logrado movilizar de manera transversal a jóvenes, estudiantes, trabajadores, obreros, jubilados, clases medias, medias altas y bajas que comenzaron a participar de los cacerolazos de las nueve de la noche y que, sin darse cuenta, pasaron de asomarse por los balcones a marchar cada semana.

–Ellos están en un contexto familiar donde sus padres, sus madres, viven aquejados de estas situaciones de precariedad, entonces ellos son directamente afectados –me dijo a fines de octubre de 2019 el sociólogo Raúl Zarzuri–. Claro, el mundo adulto no puede salir tan directamente a protestar, tienen que cuidar sus trabajos. Por lo tanto son los jóvenes los que han tomado el relevo y el llamado a salir a la calle, y en un llamado bastante especial se han sumado otros jóvenes, porque esto es transversal generacionalmente y es transversal también a nivel de estrato económico.

Zarzuri ha seguido muy de cerca la revuelta social. Es profesor de la Universidad Academia de Humanismo Cristiano y se especializa en temas de participación política y juventudes, por lo que observaba con especial interés y entusiasmo cada movimiento de los secundarios.

–La situación que estamos observando hoy en día detona porque un grupo, un segmento de estudiantes secundarios, o sea los jóvenes menores de dieciocho años, comenzaron a hacer acciones de desobediencia civil respecto del alza de las tarifas y eso detonó, fue lo que gatilló y conectó con un sentimiento de ira y rabia que ya se venía acumulando desde hace muchos años porque esto no es del actual gobierno sino de muchos gobiernos. Conectó con eso e hizo que la gente se comenzara a movilizar –dijo Zarzuri.

Una generación que como Lissette Reveco es nativa digital, se comunica e informa por redes sociales y es fanática de los grupos K-pop, el fenómeno musical surcoreano que en Chile ha generado cientos de miles de seguidores jóvenes y adolescentes comprometidos con sus ídolos hasta el punto de aprender el idioma, asistir a sus conciertos y comprar la discografía, lo que ha aportado millones a esta megaindustria cultural. Lissette dice entre bromas que la economía del país se sostiene gracias al aporte monetario que hacen en impuestos las fans chilenas cada vez que ingresan *merchandising* de alguno de estos grupos asiáticos. Su padre, Gonzalo, interrumpe el silencio que lo acompaña esta tarde en que se ha instalado a trabajar en su *laptop* y desde la mesa contigua confirma: ha desembolsado buenas sumas de dinero para que su única hija adquiera las discografías de los coreanos.

Esos días de álgida actividad política, un medio difundió el contenido de un informe sobre el estallido social que el Ministerio del Interior habría entregado a la fiscalía: un supuesto análisis de big data que intentaba explicar lo que estaba ocurriendo. En 112 páginas, el documento resumía el comportamiento de las redes sociales desde aquel viernes 18 de octubre cuando estalló todo. Fue justo después de la declaración de guerra de Piñera en cadena nacional cuando las redes tuvieron uno de los puntos más altos de tráfico y al día siguiente, el lunes 21, más de cuatro millones de usuarios de Twitter, Instagram y Facebook manifestaban su oposición a la presencia de militares en las calles en sus estados, *stories* o tuits.

«Se entregó información extraordinariamente sofisticada a partir de análisis con tecnologías de big data», dijo con seriedad el ministro del Interior de ese entonces, Gonzalo Blumel. El supuesto big data del gobierno identificaba como uno de los principales grupos de opinión e influencia a los jóvenes y les atribuía una responsabilidad central en animar la movilización a través de retuits. De acuerdo con el análisis, estos usuarios tenían como característica ser aficionados al K-pop y antes de la revuelta registraban al mismo tiempo bajas referencias a asuntos políticos y sociales. El informe sugería una especie de confabulación orquestada por estos fanáticos adolescentes.

Lissette Reveco se entusiasma cuando habla de sus grupos favoritos de K-pop y cambia el tono mientras los describe como una experta que se ha pasado tiempo observando su objeto de estudio. En su foto de perfil de WhatsApp posa junto a un afiche de Taemin, uno de los cantantes más populares de este género, y explota en risas cuando le pregunto qué le parece que su generación haya sido mencionada en un informe de inteligencia del gobierno.

–Ninguno de los grupos que yo escucho incita a hacer algo político. ¡Y cómo lo van a hacer si están en Corea! –dice ahora Lissette. Para ella, el gobierno asoció a los fanáticos del K-pop con un grupo organizado detrás del estallido porque la mayoría de ellos usan fotos de estos ídolos pop en sus perfiles de Twitter. Jóvenes que comentan por igual sobre música, coreografías, los dramas de estas estrellas surcoreanas o el aumento del pasaje de metro. En su narrativa –dice el informe del Ministerio del Interior– está el darles a estas movilizaciones un carácter histórico y enfocan su cuestionamiento al gobierno en la cifra de muertos, violaciones a los derechos humanos, protestan contra los medios por «silencio» y por el bloqueo de sus cuentas.

El viernes 25 de octubre, cuando apenas se cumplía una semana del movimiento social, más de un millón de personas salieron a manifestarse a la plaza Baquedano y casi dos millones en todo el país. La llamada Marcha más grande de Chile fue una convocatoria pacífica luego de siete días en los que primó más bien un lenguaje bélico. Hasta la noche anterior se hablaba de diecinueve fallecidos, cientos de heridos y daños millonarios a la infraestructura. Incluso se habló de torturas y violencia con connotación sexual.

Desde muy temprano la gente comenzó a llegar con lienzos, carteles, disfraces y banderas. Algunos en familia, otros en bicicleta, la mayoría caminando porque la policía había rodeado y cortado el tránsito. La gente avanzaba en masa tratando de instalarse donde pudiera. A ratos parecía un evento masivo, incluso un concierto al aire libre, pero luego la escena se interrumpía con gritos que recordaban que «No son 30 pesos, son 30 años» como un choque con la realidad a medida que se acercaban a la Zona Cero. Alguien lanzaba una frase insultando al presidente y el resto respondía en coro o chiflaba. Los detenidos, los heridos, los incidentes, la rabia y la violencia de los días anteriores se mezclaban con una inusual esperanza y alegría. El punto de encuentro, justo debajo del monumento al general Baquedano, ya no era un espacio limpio y vacío sino una especie de colina humana por la que los manifestantes escalaron con banderas, algunos con el torso desnudo, llenos de euforia y sudor. Arriba del caballo, un hombre se dispuso a reemplazar al jinete original y con los brazos abiertos alzó una bandera mapuche. De fondo se veía el cielo dorado, ardiendo, entre el humo y el sol de primavera que ya desaparecía en el atardecer.

Por la televisión se transmitían imágenes capturadas por un dron. Una bandera enorme resaltaba entre los miles con un mensaje estampado entre el blanco, el rojo y el azul: «Chile despertó. No estamos en guerra». Era tanta la gente que hubo quienes decidieron no avanzar sino quedarse en su metro cuadrado, una verdadera conquista entre la multitud amontonada, y desde ahí observaron cómo la policía comenzaba a disparar gases lacrimógenos. Los ojos ardían y la gente corría desesperada intentando respirar en algún espacio seguro.

Cuando recuperaban el aire, los manifestantes entonaban canciones que se hicieron populares durante la dictadura. En las veredas se reunían jóvenes cargados de pinturas, aerosoles, afiches y pegamentos. Allí se registraba lo que los medios no publicaban: heridos, detenidos, incluso se habló de desaparecidos. Pegaron algunas fotografías en las que el ministro del Interior, Andrés Chadwick, aparecía como un delincuente prófugo. En otra, Piñera aparecía dibujado con gafas oscuras como si fuese Pinochet.

V

En los muros aparecía una figura que se iría repitiendo hasta posicionarse como uno de los símbolos indiscutidos del despertar chileno: un perro callejero, mestizo y de color negro al que unos años antes bautizaron como Matapacos. El perro se hizo conocido en las manifestaciones de 2011 cuando se lo veía en los enfrentamientos con carabineros, ladrando furioso con un pañuelo rojo que alguien le había atado al cuello. Su nombre hacía referencia a los pacos, una forma despectiva o coloquial para llamar a la policía chilena, y su imagen se relaciona con la rebeldía y la resistencia. En los muros su rostro era retratado casi como una figura que venía a llenar el vacío de líderes humanos. El Matapacos es la representación de un quiltro –como se le dice en mapudungun a los perros– y que se ha traducido como mestizo: un animal sin pedigrí, sin casa, que se une a la lucha social y defiende a otros como él –estudiantes, trabajadores, feministas, quien sea que se manifieste– de la policía y las fuerzas gubernamentales.

Pero ese 25 de octubre se cruzaban mundos que pocas veces conviven: barras bravas de distintos equipos de fútbol, históricamente rivales, se unían entonando cánticos. Feministas con el torso desnudo exigían un nuevo país en que el aborto fuese legal. Cientos de personas saltaban al ritmo de «el que no salta es Piñera» y otros entonaban canciones de animé. A pocos metros parecía más bien un reencuentro de tribus urbanas: emos, otakus y toda una serie de grupos que por años fueron tildados de apolíticos, ajenos al acontecer nacional, pero que ese viernes estaban ahí para desmentir y reivindicar también la diversidad. Algunos letreros decían «¡Asamblea Constituyente Ahora!».

En una esquina, un Pikachu de tamaño humano bailaba al ritmo de «Baila, Pikachu, baila». Era una escena tan confusa como graciosa. Una mezcla de humor, performance y protesta que ha caracterizado las marchas chilenas como un sello nacional en el que junto al reclamo aparece el folclore, la idiosincrasia más profunda colándose en la vida política. No muy lejos de allí, fuera del edificio Telefónica donde solo unos días antes se proyectaba la palabra DIGNIDAD, un grupo de jóvenes cantaba a todo pulmón «El baile de los que sobran», una mítica canción del grupo Los Prisioneros, quizá el más icónico de los años ochenta, cuando alcanzaron la fama con canciones críticas e irónicas. Sus canciones se volvieron himnos que se han heredado de generación en generación e incluso han cruzado fronteras y se han replicado en protestas en Colombia y Perú. Ese segundo viernes de octubre, en las calles, niños cantaban junto a sus padres treintañeros y sus abuelos:

Nos dijeron cuando chicos
Jueguen a estudiar
Los hombres son hermanos
Y juntos deben trabajar

Oías los consejos, los ojos en el profesor
Había tanto sol sobre las cabezas
Y no fue tan verdad, porque esos juegos, al final
Terminaron para otros con laureles y futuros
Y dejaron a mis amigos pateando piedras

Únete al baile
De los que sobran
Nadie nos va a echar de más
Nadie nos quiso ayudar de verdad

Lissette Reveco y su padre, Gonzalo, cantaban también sin sospechar que esta canción se convertiría en la banda sonora de esos días. Pero a la alegría le siguió la represión y por cuarta noche consecutiva la ciudad terminó en llamas. Saqueos, destrozos, heridos, denuncias. Solo pocos días antes, cuando se reportaron los primeros muertos a manos de agentes del Estado, el colectivo Delight Lab volvió a intervenir el edificio con forma de celular antiguo y proyectó los nombres de cinco víctimas, sus fotos y la frase: «Que sus rostros cubran el horizonte.» Luego selló el final de la Marcha más grande de Chile con un mensaje que decía: «Por un nuevo país. Chile despertó.»

VI

—Ya había visto los primeros disparos y caché que los pacos estaban disparando como locos, así que me llevé un botiquín por si acaso —me dice Andrés Salinas mientras intenta arreglar el lavaplatos en la cocina de su departamento en Santiago Centro, no muy lejos de la plaza Baquedano, hoy rebautizada como plaza de la Dignidad.

Este chef de treinta y cinco años dice que sus recuerdos del estallido se mezclan entre los buenos y los traumáticos. Por aquel entonces volvía de una entrevista de trabajo cuando recibió el llamado de un amigo fotógrafo que le contó lo que estaba pasando y para su sorpresa, dice, le pidió que lo acompañara.

—No tenía miedo de enfrentar la sangre —me dice en un tono desenfadado y algo rudo mientras acomoda un juego de cuchillos sobre el mesón y su gato Baku se pasea entre ollas y sartenes. Su formación como cocinero incluyó un curso de primeros auxilios que ese sábado 19 de octubre de 2019 lo impulsó a tomar un pequeño bolso con insumos básicos en caso de que tuviera que socorrer a alguien. Antes de poner un pie en la plaza, a pocas cuadras de su departamento, ya estaba auxiliando a un niño de no más de seis años que recibió un balín en la pierna cuando iba pasando junto a su madre en medio del caos. Andrés se acercó a auxiliar y a esperar que llegara la ambulancia. Desde ese día comenzó a ir a diario siguiendo el mismo ritual: zapatos cómodos, botiquín y la mirada atenta para esquivar las bombas, los palos, piedras y disparos que iban y venían de todos lados. Parado ahí, sin poder ocultar sus 193 centímetros que se imponían en una esquina de la plaza, se le acercaron un par de personas para preguntar si necesitaba ayuda.

El gringo, como lo bautizaron por su pelo rubio y su manera de vestir, hoy lleva unos pantalones de camuflaje militar y una camiseta color vino que pone de ejemplo para explicar cómo fue transformando su preparación gracias a la experiencia que adquiría en la plaza. Pronto aprendió, dice, que debía dejar de usar shorts y comenzar a llevar pantalón y camisetas de mangas largas para evitar heridas o quemaduras. Por esos días, cuando ya eran más de cinco, decidieron darle forma y nombre a su grupo improvisado. La llamaron Brigada Independiente de Primeros Auxilios (BIPA), que llegó a reunir a unas quince personas.

–Fuimos la brigada más diversa. Teníamos un haitiano, un venezolano, teníamos un cabro que había hecho el servicio militar y que cuando se sumó dijo que él había jurado a la bandera para cuidar a su pueblo y por eso estaba aquí. También había mujeres y un profesor de historia al que todos le decíamos El profe –dice con orgullo Andrés Salinas. Y luego recita algunas reglas: no se puede participar de la protesta ni provocar a la policía, solo atender a los heridos. Tampoco se aceptan donaciones en dinero. Si un nuevo miembro quiere ingresar a BIPA debe pasar por la aprobación de todo el grupo, pues no hay líder y es una organización horizontal.

Un casco blanco y una credencial cuelgan como únicos elementos de decoración en el muro del living-comedor de su pequeño departamento ubicado en el centro de Santiago. Es un casco de kayak adaptado para la situación: adelante y atrás tiene pegadas unas luces de bicicleta y una cruz roja hecha con una cinta adherente para identificarlo como equipo de rescate. En la parte delantera se lee BIPA, escrito en letras negras con marcador. En una foto algo borrosa y pixelada aparece Andrés Gabriel Salinas Zapatta, además del número de su cédula de identidad, su función como brigadista y datos complementarios como el grupo sanguíneo, posibles alergias y un NO marcado bajo el ítem que le pide especificar si es donante de órganos. Además de estos dos implementos, cada brigadista debía cubrir la mayor parte de su cuerpo, llevar una mochila con insumos médicos, ponerse los overoles blancos que fueron donados por un desconocido, usar mascarillas y antiparras para resistir los gases y balines. En la plaza algunos usaban escudos para protegerse mientras sacaban a los heridos en camillas en medio de la confusión y los gases.

Aunque hay fechas, personas y situaciones que Andrés tiene en esa nebulosa que son hoy sus recuerdos, hay algunas cosas que nunca olvidó: la solidaridad de la gente que se acercaba con donaciones; las señoras de la edad de su abuela que le llevaban medicamentos y otros insumos; la cara de un carabinero que apuntó mirándolo a los ojos, los daños oculares causados por disparos de la policía; el día en que vio al manifestante Mauricio Fredes muerto después de electrocutarse al fondo de un pozo donde cayó escapando de los carabineros; y el día en que Gustavo Gatica quedó ciego.

Fue en la tarde del 8 de noviembre de 2019, cuando las manifestaciones estaban en su punto más álgido, con heridos acumulándose en los pasillos del Hospital de Urgencia Asistencia Pública, a pocas cuadras de la Zona Cero. Para ese entonces, Andrés Salinas había asistido a varios heridos que habían recibido perdigones en los ojos y quedaron con daños oculares serios, que en muchos casos comprometían la vista de las víctimas. El Instituto Nacional de Derechos Humanos actualizaba cada día el número de heridos, muertos, lesiones oculares y las denuncias que apuntaban a violaciones de Derechos Humanos por parte del Estado se hacían más contundentes. BIPA se había instalado en el Centro Cultural Gabriela Mistral, ubicado en la Alameda, que facilitó sus espacios para que las brigadas de primeros auxilios pudiesen atender más seguros y lejos de las balas. Hasta allí llegó Gatica después de recibir disparos en cada uno de sus ojos por parte del teniente coronel de Carabineros Claudio Crespo Guzmán, mientras sacaba fotografías de la manifestación y antes de ser trasladado en ambulancia; diecisiete días después se sabría que el joven estudiante de psicología de veintitrés años había perdido la vista para siempre.

–Yo conozco a muchos más que les pasó lo mismo, pero no dijeron nada –me dice este mediodía Andrés Salinas.

–¿Lo mismo que a Gustavo? –le pregunto sorprendida, pues nunca he visto ni he escuchado algo así en los medios.

–Sí, lo mismo. Recibieron perdigones en ambos ojos pero no dijeron nada, se quedaron piola. No querían que se supiera porque tenían miedo –me dice en un tono seguro, mirándome a los ojos.

Después le preguntaré a Makarena Sagredo si ha escuchado sobre esto y me confirmará que sí, que también lo vio. Que no está segura de sí perdieron la vista por completo, pero que recibieron balines en ambos ojos.

–Igual que Gustavo –dice.

Para el momento en que las manifestaciones comenzaron a disminuir por las restricciones que impuso la pandemia, en marzo de 2020, el INDH registraba a más de 460 personas con daños oculares: una triste marca mundial que caracterizó a la protesta chilena.

Andrés a veces extraña ir a la plaza, pero dice que es difícil pasar por ahí. Que tiene recuerdos amargos y traumáticos. Que vio morir y sufrir a mucha gente. Que aún le parece un sueño, algo lejano. Antes de su experiencia como voluntario de BIPA nunca había participado en manifestaciones ni en política. No le interesaba y se definía como apolítico. El 25 de octubre de 2020, un año después del estallido, se realizó un plebiscito para que la ciudadanía votara si estaba a favor o en contra de una nueva Constitución para reemplazar a la actual, heredada de la dictadura de Pinochet. Un 78 % votó por la opción Apruebo, que permitirá escribir una Carta Magna en democracia. Andrés Salinas fue uno de ellos. Era la primera vez que iba a las urnas.

CUBA

Un país extranjero dentro de La Habana

Carlos Manuel Álvarez

Nueva York - Damas 955

La noche del 20 de noviembre de 2020 le dije a mi novia, Carla, que me iba a Cuba a unirme a una protesta política que acaparaba la atención de todos. El aeropuerto de La Habana, cerrado durante meses por la pandemia, había reanudado sus vuelos hacía apenas cinco días. Estábamos en la cama, en medio de un silencio incómodo, sumidos en una gravedad espesa. Afuera, las últimas señas del otoño en Nueva York. Mi novia me dijo que lo hiciera. Había cansancio en su voz, también preocupación. Yo estaba viviendo un exilio extraño, asentado en ningún lugar y volviendo a la isla de vez en cuando, porque después de vivir una temporada de tedio y aislamiento que terminó cargándome de rabia a los veinticinco años, habían empezado a asomar visos de sedición, gente reconociéndose una a otra. No quería perdérmelo.

Ocho meses antes, en marzo, protagonizamos un evento que nos articuló como generación, una palabra que genera justificada desconfianza pero que habíamos logrado merecer. El artista Luis Manuel Otero, negro, pobre, figura principal del Movimiento San Isidro (MSI), había sido encarcelado. Sus performances enfurecían al régimen de La Habana, que des-

197

pués de unas veintisiete detenciones relativamente breves, no mayores a setenta y dos horas, lo detuvo en la puerta de su casa bajo las acusaciones de «ultraje a los símbolos patrios» y «daños a la propiedad» y buscaba sentenciarlo mediante un juicio sumario a una condena entre dos y cincos años de cárcel.

Otero pensaba apoyar un evento de la comunidad LGBT+ frente al Instituto Cubano de Radio y Televisión, luego de que un funcionario censurara un beso entre dos hombres en la película *Love, Simon*. Anteriormente, había usado un casco de constructor para protestar por el derrumbe de un balcón que provocó la muerte de tres niñas, había integrado la bandera cubana a su rutina diaria, había representado a héroes nacionales, se había arrastrado por las calles de la ciudad con una piedra atada al pie, o había encabezado los reclamos de los artistas contra el Decreto 349, que en 2018 intentó actualizar el ejercicio de la censura como eje principal de la política cultural del Estado.

En trece días, gracias a la presión que un grupo de colegas levantamos desde distintos frentes –artículos de prensa en medios internacionales, intervenciones públicas, quejas en ministerios e instituciones culturales–, Otero había salido de la cárcel. Nadie pensaba que sucedería. Protestamos porque no podíamos quedarnos de brazos cruzados, pero un resultado de esa naturaleza quería decir que teníamos más fuerza que la que suponíamos.

El MSI era una organización tentacular de arte y activismo, con sede en el barrio que le daba nombre, San Isidro, una zona pobre de La Habana Vieja. La vocación ecuménica y el carácter anfibio del movimiento hacían difícil clasificarlo. Ahí se reunían raperos del gueto, profesoras de diseño, poetas disidentes, especialistas de arte, científicos y ciudadanos en general. Había una premisa institucional que pretendía hundir al grupo y disfrazar el carácter político del arresto de su coordinador.

Decían que Otero no era artista, que no tenía permitido hacer lo que hacía. Lo que volvía compleja, bella y contundente la obra del colectivo, que el poder quería presentar como didáctica o gratuitamente escandalosa, era que en última instancia tenía que ver solo con ellos mismos. Se estaban liberando y educando, borrando límites falsos entre arte y política para desplazarse con soltura, o reinventando constantemente los preceptos ideológicos que los habrían convertido en otro grupo apenas comprensible como gente que se limitaba a negar la lógica de acción del gobierno.

Un sesgo de legitimación burguesa operaba una y otra vez sobre los permisos del arte y sus formas de asimilación colectivas. En el juicio que no llegó a celebrarse, los testigos de Otero tendrían que demostrarle a la fiscalía por qué lo que él hacía era arte y no profanación o desorden público. Queriendo encontrar en alguna falla estética un delito penal, los censores ya demostraban de antemano la potencia de la obra del acusado.

Frustrada en sus propósitos, la policía política necesitaba un cuerpo sacrificial, y lo encontró meses después en un miembro del grupo menos conocido: el rapero Denis Solís, también negro y pobre. El 7 de noviembre un policía entró a su casa a acosarlo y él lo llamó «penco [cobarde] envuelto en uniforme». Filmó el altercado con su celular y colgó el video en sus redes sociales. En un juicio sumarísimo, sin abogado defensor, Solís fue condenado por desacato a ocho meses de privación de libertad.

Inmediatamente, el MSI lanzó por su liberación una impactante campaña de solidaridad que en menos de una semana se reinventó muchas veces. Se convirtieron en una mancha al rojo vivo en el mapa anémico de la temperatura cívica nacional. La energía se articulaba alrededor de ellos en forma de calor. Quizá fueran los únicos cubanos de la isla que en ese momento estuvieran viviendo en democracia.

Algo así le dije a mi novia, en medio de una perspectiva trágica: «Ellos están vivos, los demás estamos muertos.»

Cuando el Tribunal Provincial Popular de La Habana denegó la solicitud de *habeas corpus* presentada por Otero en favor de Denis Solís, y reconoció que el recluso se encontraba en la prisión de Valle Grande, el grupo se encerró en la sede del MSI, hasta que una vecina a la que entregaron dinero para que les comprara comida fue interceptada por la Seguridad del Estado, que rodeó la sede y confiscó los bienes. Ese detalle trajo una escalada de resistencia mayor que, para cuando decidí irme a Cuba, no se sabía dónde podía terminar, pero cuyo límite, si no había diálogo, no parecía otro que el foso de la inmolación.

La sede del MSI era también la casa de Otero, en Damas 955. El 19 de noviembre agentes de la Seguridad del Estado vertieron un líquido oscuro, presuntamente ácido, por debajo de la puerta principal, y también desde la azotea, muy cerca de la cisterna donde se almacenaba el agua. Cuatro miembros del grupo se encontraban en huelga de hambre y otros tres en huelga de hambre y sed. Las demandas, además, ya no se reducían solo a la liberación de Solís, sino que iban directamente contra el estado de pobreza generalizado y la falta sostenida de libertades civiles. El ácido regado merecía leerse como la dictadura en estado líquido, descomposición que provenía del susto. Toda Cuba empezó a mirar para ahí. Era un espectáculo político en tiempo real.

Antes de decirle a mi novia que me iba para San Isidro, también se lo había dicho a las amigas Katherine Bisquet y Anamely Ramos, y ambas me contestaron, un tanto desesperadas en el encierro, que lo intentara a toda costa. Es probable que haya sido esclavo de mis palabras. Hablé solo con otros dos amigos, quería que lo supieran la menor cantidad de gente posible. Apenas había vuelos. Uno de ellos me sugirió que llegara a Miami lo antes posible y que esperara allí alguna vacante en algún chárter que él pudiera conseguir. Recuerdo haber salido de Nueva York en las primeras horas de la mañana del 22 de noviembre. Pocas veces me ha embargado un sentimiento de soledad e incertidumbre tan absoluto. Cierto instinto de conservación me pedía quedarme, y decidí no pensar más, hacer como si todas las puertas se cerraran detrás de mí y la única opción fuera continuar adelante. Volé de Newark a Miami y me enclaustré en casa de un amigo. No le dije a nadie que estaba allí. Entre la grandilocuencia y el susto, me sentía protagonista de una acción clandestina. Dormí esa noche exaltado, y en la tarde del 23 de noviembre me avisaron que había un vuelo para la mañana siguiente. A la persona que consiguió el tiquete le dijeron que había un familiar mío grave en el hospital.

En La Habana, un taxi me esperaba en el aeropuerto para llevarme directo a la sede de San Isidro. También me tenían un celular nuevo y línea con internet. Viajé con una mochila. Pasé ligero por la aduana, casi corriendo. Había tanta distancia en ese tramo corto que separaba Miami de La Habana. Anamely Ramos iba a abrirme la puerta de Damas 955 cuando yo le dijera que estaba a un par de cuadras del lugar. Policías vestidos de civil, agentes de la Seguridad del Estado en cada esquina.

El taxi me dejó en la Alameda de Paula. Caminaba nervioso, creyendo que me perseguían, suspendido bajo el sol del mediodía. No me detuvieron, había gente trasegando por la calle, pero la puerta tampoco se abrió. Llegué hasta la otra punta de la cuadra. Miré a ambos lados, como buscando algo. No veía a nadie ni nada. Regresé sobre mis pasos, los planes siempre fallan en algún punto.

Justo antes de colapsar, porque no podía quedarme dando vueltas de un sitio a otro sin levantar sospechas, se abrió una puerta, una vecina del barrio quiso entrar, y yo sospeché que esa era la sede. Me abalancé detrás de ella y le traspasé mi susto. «¡Soy yo!», grité, «¡abran!» Hubo un revoloteo adentro. Crucé el umbral y toda la energía contenida se descerrajó. El júbilo nos recorrió a todos por un momento. No se sabía bien qué podría hacer yo allí, qué significaba mi llegada, pero enseguida lo íbamos a averiguar. Por lo pronto, ya nos encontrábamos menos solos.

Cargaba unas pocas cosas en mi mochila. Alguna que otra ropa y tres libros: *El Quijote,* un volumen con sonetos de amor de Quevedo, y unos de los diarios de juventud de Lezama Lima. Más que libros, se trataba de amuletos. No me llevaba obras para leer, sino objetos que ya había leído, piezas íntimas a las que les daba una importancia mística, dada la situación. Textos, en algún punto, suicidas, permanentemente desubicados, cuya compañía normalizaba un tanto el registro delirante de la experiencia en la que me había metido. Solo necesitaba conversar con ellos a través del tacto. Justamente una de las bazas que me ayudó a capear el temporal próximo tenía que ver con el hecho de que lo entendía todo como una trama literaria escrita con el cuerpo, de la cual la policía política no fue más que un puñado de personajes.

Llevaba un pantalón negro, un abrigo deportivo blanco y unas zapatillas Lacoste también blancas. Una de las acuarteladas empezó a filmar y a transmitir en vivo por las redes sociales. Recordaba un verso de Quevedo: «El mirar zambo y zurdo es delincuente.» Dije cosas ampulosas, mientras abrazaba a cada una de las personas que padecían aquel encierro.

Los artistas del hambre

La puerta de la casa crujió como un hueso fracturado, emitiendo el sonido de la desgracia. Se astilló la madera, sus

202

fibras vegetales, y las dos alas de la entrada, sujetas tímidamente por una cadena y un candado, se vinieron abajo.

Como un escuadrón SWAT artesanal –menos fornidos, desorganizados, tratando de adaptarse a la coreografía de las muchas idénticas películas gringas–, más de una decena de mujeres y hombres de la Seguridad del Estado entraron disfrazados de médicos sanitarios a Damas 955 y detuvieron de manera forzosa a las catorce personas que allí estábamos, después de mis dos primeras noches de fatigoso pero extraordinario encierro.

Mi entrada sorpresiva fue la excusa utilizada por las fuerzas del orden para ejercer la violencia. «No queremos hacerlo así», dijeron a manera de trámite antes de romper la puerta. «Así es como ustedes lo hacen», contestamos. Querían acusarme de haber violado las medidas sanitarias contra la propagación del covid-19, a pesar de que yo había ido directo desde el aeropuerto hasta el lugar de la protesta y había permanecido en aislamiento seguramente más que ningún otro viajero de mi vuelo y más que cualquier viajero en general de los que hubiera entrado a Cuba desde que abrieran los vuelos internacionales nueve días antes.

Hay quien cree que, con pinta de turista distraído, logré colarme en Damas 955 porque el cerco policial no esperaba una jugada así. Otros aseguran que la policía política conocía mis intenciones, mi viaje desde Nueva York vía Miami, y permitió que la entrada sucediera sin obstáculos para utilizarla a su favor. Nadie sabe todavía, y no creo que vayamos a saberlo alguna vez, de qué forma ocurrió. A veces la máquina de vigilancia es tan torpe que se vuelve eficaz, a veces es tan eficaz que se vuelve torpe.

En la noche del 25 de noviembre, representantes de Salud Pública me hicieron llegar la información de que mi test en el aeropuerto había dado inhibido o alterado –no positivo– y que debían repetírmelo antes de la medianoche en el policlínico de 5.ª y 16, reparto Miramar. Si no lo hacía, irían a buscarme. Ninguna autoridad pudo avisarme directamente, porque para ese entonces ya la empresa de telecomunicaciones había cortado mi línea de celular, tal como antes había cortado las de los demás. Las maneras en que lográbamos seguir conectados a internet solo pueden entenderse como ejercicios de malabarismo. Por otra parte, desde antes de cualquier evidencia médica, los aparatos de propaganda oficialista habían empezado a fabricar el caso político, acusándome sin pruebas de incumplir protocolos sanitarios. Me vi en una encrucijada aparente que resultó ser falsa. Si salía de casa, podrían diagnosticarme positivo al covid-19. Bajo la excusa de propagación, desmantelarían la protesta, entonces iba a parecer que yo había burlado el cerco de San Isidro con la complicidad del régimen, actuando como un peón suyo. Una sospecha de ese tipo arruina para siempre la integridad moral de cualquier cubano, y es una de las técnicas predilectas y más efectivas de la Seguridad de Estado: instalarse en la conciencia colectiva; hacer creer que están en más sitios de los que están, porque así, justamente, se aseguran su presencia multiplicada; que cada quien sospeche del otro a las primeras de cambio y que nos lancemos incesantes acusaciones de soplones sin evidencia alguna. Es particularmente eficiente la manera en que esta lógica de control alcanza el éxito a través de su mala fama y construye su capital sobre la base de su propio desprestigio. El poder sabe que mancha, y que destruye la reserva civil de alguien si llega a convencer a los demás de que ese alguien les pertenece.

La otra opción que me quedaba, y que prefería, era permanecer dentro de San Isidro, aunque igual fueran a buscarme y de paso se llevaran a los demás. Por un momento, me cuestioné profundamente haber ido hasta allí, me sentí un estorbo, pero ese mismo día, un poco antes, Luis Manuel Otero me había dicho que decidía deponer su huelga de sed, mucho más terrible y destructora que la de hambre, por el apoyo que venía desde afuera, y porque yo había volado desde Nueva York y el resto de sus compañeros de la protesta se lo pedían con gestos y preocupación constantes, aunque respetaran su postura. El cambio de huelga de sed de Otero, quien fue el único que mantuvo sobre sí un castigo de este tipo junto al rapero Maykel Osorbo, no se debió solo a un alarido físico terminal, sino que esa súplica del organismo al límite pareció venir también en forma de reflexión.

–¿Hay diferencia entre las huelgas de hambre y sed? –le pregunté, agachado a su lado. Otero descansaba en una colchoneta delgada. Llevaba una especie de trapo envuelto en la cintura, nada más. Recordé un cuadro: *San Pablo el Ermitaño,* de José de Ribera. Pero ahora un ermitaño negro, ulterior.

–La diferencia es muy grande –dijo–. Ves cómo el cuerpo se va consumiendo y consumiendo, lo ves desde adentro, empieza a sobrar la piel. Yo metía los pies en el agua...

–¿Eso para qué?

A veces se sentaba en una silla, los pies en una palangana, los codos apoyados en los muslos, cabizbajo en un rincón de la casa.

–Me daba el deseo, pero hay un momento donde ya no quería ni que me tocaran, ni ducha ni nada. Era algo para refrescar, no sé, me sentía bien con eso. El cuerpo se me iba, sientes la necesidad del agua, lo que significa, porque el setenta por ciento de tu cuerpo es agua, y tú ves cómo te vas secando, literalmente. Por eso el tema de meter los pies en el agua. El cuerpo se humedecía y había como un engaño ahí en la cabeza. Pero hay un punto en que ya, porque tú no eres una planta que va a coger agua por los pies.

Los ojos de Otero, expresivos y negros, habían recuperado su agilidad después de tomar agua y borraban parte de su condición fantasmagórica, dándole un segundo aire a la disolución. El corte triangular de sus pómulos se había acentuado por el cincel del hambre, que los rebajaba minuto a minuto, como quien busca tallar un retrato de huesos.

—¿Cómo te sentías justo antes de dejar la huelga de sed?

—Ganas de vomitar, muchos dolores en el estómago. Porque una cosa empieza a comerse a la otra. Y en los músculos, pero sobre todo en el estómago. La última noche dormí muy bien. Es como que el cuerpo me dijo: «Duerme, viejo, descansa. Ya no vamos a luchar contra nosotros mismos. Ya.» Esa noche soñé y todo. No recuerdo qué, pero estaba en un edificio, y había alguien conocido. Yo pude incluso haber aguantado dos días más, o uno.

A veces, cuando le entraba frío, un frío que nadie que no estuviera en huelga de hambre y sed habría podido sentir a fines de noviembre en La Habana, se envolvía en una sábana blanca. Quizá la huelga de sed pueda definirse como una fiebre de invierno.

Nos quedamos callados por un momento. Luego Otero siguió:

—Yo podía haber simulado un buche de agua, pero esto es real, no una performance. Podía haberme dado un buche de agua, filmar y ya. Y lo otro es que en la medida en que tú vas bajando, todas las energías que están alrededor tuyo también bajan.

—Ahí te decidiste.

—Los órganos empezaban a decir: «Mira, yo ya no puedo funcionar tan bien como este otro.» Los pies se levantaban y caminaban, pero era mecánico todo. El corazón me dijo: «Yo soy autónomo ahora mismo, tengo que luchar por mí.» Son las imágenes que tengo en la cabeza. Los órganos empiezan a independizarse y cada uno dice: «Espérate un momento, tengo que salvarme primero que tú.» El riñón contra el hígado, este contra aquel. Pero cuando regresas a la vida real, todo eso está integrado, y ya uno le pasó por encima al otro.

Imaginé los órganos de Otero combatiendo débilmente entre ellos, exhaustos en su cuerpo seco, padeciendo el sol de su determinación política.

–¿Y qué más? –pregunté.

–Lo otro es la relación con la muerte, yo no le tengo miedo. Para mí es más compleja la vida que la muerte. Esa relación de darle sentido a la vida, echarle gasolina de nuevo y que siga andando y andando. Recuerdo que Yasser estaba sentado ahí, mirándome. Yasser es un tipo superlight, tranquilo, y me miraba con los ojos abiertos así como si me dijera: «De pinga, te estás yendo.»

Yasser Castellanos, que estuvo en huelga de hambre treinta horas antes de que comenzaran los vómitos, es un hombre extremadamente pacífico, vegano y defensor de los animales. Meditaba mucho tiempo en su sitio, hablaba pausado, en susurros, y componía algunas barras de hip hop. Su actitud respondía de modo estricto al monje budista de cerámica que descansaba en un altar al lado de la puerta de entrada, junto a una santa Bárbara imponente, un san Lázaro misericordioso, una catrina mexicana y más íconos irreconocibles por mí. Tal era la flema de Yasser, que no parecía encontrarse en medio de una revuelta política, sino en un retiro tibetano.

La protesta tenía una composición casi babélica, que, sin embargo, alcanzaba el entendimiento desde la resistencia. Había un caos divertido en los comportamientos y una armonía en los afectos proveniente del sentido de la justicia. A pesar del aura de la muerte y la tensión del cerco, Damas 955 reunía un aleteo de voces y tonos distintos, integrados por el hartazgo político común. A mí me pareció que volvía a la beca de la adolescencia, sujeto de nuevo a las leyes propias de un ámbito precario pero altruista.

Había que bañarse y descargar la taza con cubos. El agua se sacaba de una cisterna. La ropa se tendía en los cables del patio, cerca de una pared lateral. Quienes no estaban en huelga, tenían que comer apartados de los huelguistas, y la comida se hervía o se cocinaba con el mínimo de sabor, para evitar tentaciones y sufrimientos. Los rincones y huecos debajo de las escaleras estaban llenos de trastos y desorden. En el piso de arriba había una gallina que picoteaba lo que hubiera entre los escombros, un animal que ya se había convertido en otra cosa. Dormíamos sobre sábanas en el suelo de cemento. Las losas del baño estaban rotas, grietas como surcos húmedos, y de la pared reventada sobresalían los ladrillos y las gruesas tuberías herrumbrosas.

La casa humilde –con columnas rectangulares en el centro, anchas y toscas– parecía un almacén olvidado en eterna huelga de hambre, y ahí radicaba su fortaleza. Expresaba una época. Incluso el celular de Otero no tenía tapa, los cables y la batería estaban sueltos. Es difícil que un orden político pueda disciplinar a un muchacho que vive feliz con un celular así.

«Miren esto», decía cualquiera cuando nos faltaba algo elemental. «Y todavía nos acusan de que nos paga el imperialismo.» Ese era uno de los chistes más recurrentes. El otro, aunque parezca contradictorio, jugaba con que todos nos íbamos a quedar a vivir allí una vez que el régimen cumpliera las demandas. Pero Otero levantaba entonces la cabeza y decía que, cuando todo acabara, no quería ver a ninguno más.

Esteban Rodríguez, el joven asmático desbordado de carisma, depuso su huelga de hambre justo antes del allanamiento. Se acodó en la meseta de la cocina, visiblemente incómodo, fatigado, y dijo: «Ya tengo que comer.» «Ok», le contestaron. «Tienes que empezar con una sopa, o te preparamos un puré de malanga.» Algo pasado de peso, Esteban se frustró. «¿Cómo?», dijo entre soplidos. «No, no, sopa no. Dame un bistec, dame algo, yo me conozco. Sopa no, ¡qué sopa!»

Abu Duyanah Tamayo, el musulmán corpulento y afable que siempre se encargaba de vigilar la puerta luego de que un vecino atacara a Otero días antes y lanzara botellas de cristal hacia el interior, tendía su estera de rezos en una esquina o se echaba frente al único ventilador del lugar. Anamely Ramos, exprofesora del Instituto Superior de Arte (ISA), expulsada de la universidad por escribir artículos considerados irrespetuosos y mantener posicionamientos críticos frente a funcionarios de rango, mezclaba cierta pulsión católica con sus conocimientos de arte africano y su devoción por figuras del panteón yoruba. A su vez, cuando le pregunté a Omara Ruiz si era católica, me dijo tajante: «Apostólica, romana.»

Osmani Pardo, cristiano que mantenía un negocio privado de «vendedor-productor de artículos de fiestas y otros», se asemejaba en algunos puntos a Yasser Castellanos. Hablaba muy poco, siempre diligente, y su rostro reflejaba una profunda bondad. Sus conocimientos prácticos, sus sorprendentes habilidades manuales, le permitían arreglar cualquier desperfecto técnico que hubiera en la casa, y había más de uno. Lo vi construir una resistencia eléctrica con dos latas y tres tacos de madera en cuestión de minutos. Sus manos pensaban, y no solo porque solucionaran cosas, sino porque actuaban con la misma destreza cuando no tenían que solucionar nada. En los ratos libres, silencioso, Osmani había hecho de una maraña de cobre un árbol de muchas ramas con el mismo pausado señorío con que los dioses podaron la forma de la ceiba. Lo llamaba «el árbol de la libertad».

Maykel Osorbo, el rapero, traía el lenguaje del gueto, y dejaba perlas como esta: «¿Y si vivir fuese la duda para lo inserio?» Katherine Bisquet, poeta, compuso unos versos sobre la situación: «Dentro del hambre. / Dentro de una ca(u)sa. / Dentro de una misma cicatriz / que se cierra desde la abertura del ombligo hasta la subida del pecho. / No existe ya el temor a la noche. / Prepárame una pizza de champiñones para mañana. / Quiero sentir el sabor de la libertad.»

El grupo lo completaba Adrián López, un joven de dieciocho años fañoso y sonámbulo que se había negado a ingresar al Servicio Militar Obligatorio; Jorge Luis Capote, de veintiuno, experto en la ciencia de conectarse a internet desde Cuba; Iliana Hernández, maratonista guantanamera, reportera independiente, ya pálida por tantos días de huelga; y Angell, una mujer menuda y discreta, casi azorada, madre de tres hijos que había perdido su casa. Si esta diversidad no parecía suficiente, había que apuntar que el día de mi llegada abandonaba la huelga y el recinto el científico Oscar Casanella, expulsado del Instituto Nacional de Oncología y Radiobiología (INOR) por sus ideas políticas.

Finalmente, todos estuvimos de acuerdo en que no me marchara, y se fijó esa suerte de fraternidad exaltada que invade a los grupos acorralados en los instantes últimos del peligro. También podíamos sacar alguna recompensa de aquello que mi llegada había provocado: alcanzar mayor impacto mediático, obligar a que las fuerzas represivas se manifestaran tal como eran y quedasen expuestas una vez más.

Omara Ruiz, una mujer frontal, sagaz, me dijo en la tarde del 26 de noviembre que de alguna manera estábamos ganando, horas antes del desenlace. Lo sentí como si alguien me pasara el brazo por los hombros. Es difícil traducir por qué creíamos que estábamos ganando, pero tenía razón. Eran palabras dichas dentro de un espacio cerrado. Las paredes impedían por completo la circulación de la realidad.

Omara había sido profesora del Instituto Superior de Diseño de La Habana (ISDI), centro del que la expulsaron por sus labores como activista por los Derechos Humanos, y de algún modo era quien organizaba la vida en el encierro y marcaba con serenidad buena parte de las pautas a seguir.

Cerca de las ocho de la noche, tres oficiales de la Seguridad del Estado vinieron a buscarme, haciéndose pasar por médicos. El hombre que habló era torpe, como suelen ser torpes los gendarmes. Cada profesión tiene su gestualidad y léxico particular. Mis padres son doctores, y una comparación relampagueante me sacó de dudas sobre la identidad de los sujetos, si es que llegué a tener alguna. Un médico salva vidas, un gendarme las reduce. Les exigimos que salieran de la casa, y vimos que afuera había ya un operativo considerable: varias patrullas, dos carros-jaula, una comitiva acarreada para gritar consignas. Ahí cortaron el acceso a Facebook, Instagram y YouTube en gran parte de Cuba y no lo restablecieron hasta casi una hora después.

Eran hombres y mujeres nerviosos. «¿Y cuándo me van a agarrar?», se preguntó Esteban después de que varios policías pasaran por su lado y no lo tocaran. A mí me sujetaron dos tipos. Me bajaron a trompicones por las escaleras y luego cada uno me jaló para su lado. Estuve a punto de chocar contra una de las columnas. Creo que su impericia los volvía más peligrosos. No golpearon, pero buscaban humillarte. Te conducían por el cuello o te apretaban los brazos, te trasladaban no en línea recta, sino con zarandeos.

Ahí perdí contacto con las cinco mujeres del grupo. Supuestamente, se trataba de un allanamiento para evitar la propagación del virus, pero a los hombres nos llevaron a la estación de Cuba y Chacón, en la avenida del Puerto, y nos mantuvieron hacinados por más de dos horas en el carro-jaula, brazos y piernas entremezclados en una oscuridad cubista. La puerta solo se abría de vez en vez para aliviar el asma de Esteban.

Ese trámite fue un sello de amistad. No me sentí preso y empecé a hacer preguntas a todos. Solo Otero era mi amigo antes de este episodio. Junto a Maykel Osorbo, él se veía a sí mismo como un cimarrón, y lo eran, lo que dotaba a San Isidro de una conciencia histórica que el poder quería negar.

Era negros, pobres, desplazados, vivían en casas precarias rodeadas de hoteles lujosos para turistas de pantorrillas blancas. Representaban todo lo que la Revolución prometió reivindicar y terminó persiguiendo, cazándolos para ocultarlos. Lo que ponían sobre la mesa no era solo la pelea por la liberación de un rapero, sino que abrían el abanico de posibilidades para la forma de una república nacional negra.

En cuanto me sacaron de la jaula –fui el segundo en salir– la libertad se esfumó, y se suponía que me devolvían a ella. En el policlínico de Miramar me hicieron el PCR que justificaba el operativo, un palillo incómodo hurgando en la garganta. A ningún otro participante de la protesta le practicarían el test.

Para llegar allí, una patrulla con tres agentes me había conducido antes por el Malecón, camino al oeste. Miré desde la ventanilla los lugares que recorrí innumerables veces, aunque nunca tan solo. El hospital Ameijeiras, la esquina del Hotel Nacional, la Casa de las Américas, y la residencia universitaria de F y 3ra, donde viví cinco años. Observé el edificio hasta que lo perdí de vista, intentando localizar mi piso, por si me veía asomado ahí y todavía podía encontrar afuera el rastro del que había sido. Iba descalzo, con las manos esposadas a mi espalda y el cansancio del cuerpo roto atorado en el pantano de la ciudad.

Otro encierro: prisión domiciliaria

El allanamiento tuvo consecuencias. El 27 de noviembre, en un gesto inédito, entre trescientos y quinientos jóvenes terminaron reunidos en las afueras del Ministerio de Cultura para pedir el reconocimiento pleno de los espacios culturales independientes, el cese de la censura ideológica en el arte y la liberación de los presos políticos. Yo no pude asistir. Debía cumplir una supuesta cuarentena y tenía vigilancia policial en los bajos de la casa en la que pernoctaba en La Habana. Treinta artistas elegidos de manera democrática pasaron a los salones del Ministerio y presentaron las demandas de la comunidad allí reunida. Lo que sucedió a corto plazo era previsible: el incumplimiento por parte de la institución de los puntos principales de un acuerdo meramente verbal. Sin embargo, el hecho de que por unas horas muchos jóvenes habaneros se convirtieran en ciudadanos, y de que un Ministerio, que al final no era más que otro brazo del tentacular aparato militar cubano, tuviera que recibir en sus oficinas a artistas que durante años se había encargado de desprestigiar, significaban señales valiosas, principios de ruta que el escepticismo tampoco podía maldecir. Pasos todavía pequeños, pero cuya zancada había sido tan larga como la abismal distancia que iba del cero al uno.

El acoso, el descrédito en la prensa y el lenguaje beligerante del régimen arreció. Yo salí en televisión por primera vez el 28 de noviembre, y volvería a salir unas cuantas veces más, incluido el 25 de diciembre, día de mi cumpleaños, en el que me dedicaron una sección entera del noticiero estelar. Antes había aparecido solo una vez en cadena nacional. Tenía diez años, le daba la mano a Fidel Castro y era un niño feliz. Ahora me llamaban mercenario. No había ahí un recorrido inédito. Es probable que la mayor parte de las personas que alguna vez le dieron la mano a Fidel Castro hayan sido luego tildados de agentes de la CIA, juzgados por ello, borrados de fotos y cortados de cintas cinematográficas. Ese hombre era un pasaporte directo hacia su oposición.

Un compañero de curso en la universidad, Lázaro M. Alonso, fue el presentador del programa en el que me lincharon mediáticamente. Este tipo de traiciones son consustanciales a las culturas totalitarias. No creía ser más víctima que él. Verme difamado en televisión hizo que pensara en mi familia, y esa suave línea afectiva, que atravesaba como un hilo de acero la estridencia de la noticia y el escándalo íntimo de mi posible insulto, fue lo único que disipó hasta cierto punto el profundo sentido de extrañamiento. Veía mi imagen recortada, editada, mientras una voz engolada me movía como una marioneta por el retablo de la propaganda. ¡Qué raro!, pensé. El dolor se convertía en desconcierto. Si salía hablando, lo hacía en *off*. La gente podía ver mi cara, que era ahí una máscara villana, pero no podían escuchar mis palabras ni tampoco la manera en que las pronuncio, esos pequeños desperfectos que me convierten en una persona: cómo seseo, cómo atropello lo que digo o me demoro unos segundos, que internamente parecen una eternidad, intentando encontrar una idea que nunca es la que es.

No lo lamenté. Una vez fui pionero, ahora solo me entregaban un papel de reparto distinto. Antes, algunos en el barrio me miraban orgullosos porque Castro me había saludado. Ahora, cuando volviera a Cárdenas, mi municipio, algunos seguramente iban a mirarme como se mira a un sujeto peligroso, quizá apestado. Tal vez debía pasar por ese tipo de saludo triste en el que alguien quería demostrar que no sucedía nada conmigo. Alguien que me saludaba no porque me quería saludar, sino para convencerse de que no temía saludarme. Pensé que el niño que yo era me habría despreciado.

Durante los días siguientes recibí mensajes de apoyo incluso de gente que no recordaba conocer. También me hablaban de cosas que no entendía, envueltas en tonos mesiánicos, pero yo estaba tratando de digerir el asunto de manera pausada, hasta donde tal cosa fuera posible. Tenía treinta años y era un tipo permanentemente molesto. No había una agitación nueva en mí, quiero decir. Vivía un poco así, como si cada día me lincharan en la televisión. Más que el miedo, el hartazgo, el entusiasmo ciego o el adoctrinamiento, la molestia era el principal sentimiento de Cuba, el más generalizado. Por una razón u otra, todo el mundo en el país parecía vivir con una piedra metida en el zapato o con unos lentes mal graduados, ese tipo de incomodidad constante, naturalizada.

Cuatro días después del allanamiento, la policía política me recogió para el primer interrogatorio. Era solo el comienzo. Durante todo diciembre y parte de enero hubo otros interrogatorios, tres detenciones, más televisión y artículos de prensa contra uno, un secuestro, una fuga, correcciones de mi biografía en la enciclopedia web nacional, timbres constantes a mi celular que funcionaban como toques de atención, unos treinta o cuarenta diarios, varias llamadas de advertencias de no sé qué, y vigilancia permanente.

Vi sujetos correr detrás de mí cuando apuré el paso para, debajo del primer alero, guarecerme de la lluvia repentina de una mañana plomiza, y los vi irse justo cuando me iba yo, tal vez un poco hartos de que los hubieran puesto a perseguir por la ciudad a ese chiquillo que no agarraba ningún bus y prefería caminar a todas partes. En ninguno de esos eventos, salvo en el interrogatorio, podía el individuo jugar un papel medianamente activo frente al rodillo totalitario que buscaba aplastarlo. Esa es la razón por la que las personas interrogadas bajo regímenes de corte estalinista intentaron desarrollar una metodología del interrogado, aunque quizá decir metodología sea una exageración. Se trataba más bien de un entrañable manual de consejos que buscaba perseverar como memoria histórica.

Una taza de café con mi interrogador era un texto del disidente y escritor checo Ludvik Vaculik que una amiga cercana me había dado a leer de manera profiláctica para que entendiera lo que podía venirme encima luego de unirme a las protestas en San Isidro. Ahí Vaculik contaba cuán incómodo y engorroso se volvía lidiar con el trato afable del opresor, esa suerte de violencia filtrada a través de bondades aparentemente insignificantes. En mi caso, el ofrecimiento solícito de agua u otros líquidos, los platos de comida diligentemente servidos, la preocupación de los agentes por el estado de salud de la familia –salud mental que ellos mismos buscan dañar para quebrarte por ahí–, la fecha de publicación de mi próxima novela, las felicitaciones por los éxitos literarios, en fin, la represión VIP.

«A menos que hayas pasado por esto, no creerías cuán difícil es evitar responder preguntas amables. No solo va contra el instinto natural no responder, por la buena educación de uno, sino que también es difícil mantenerse firme porque es duro para los oídos. Para un novato es casi imposible», decía Vaculik.

Me recogieron en un Lada rojo en el municipio Playa poco antes de las once de la mañana y me devolvieron cerca de las dos de la tarde. No había transporte en la ciudad, y alguien nos sacó la mano como si fuéramos un taxi. Terminamos en una casa cerca de las calles 202 y 23, en el lujoso reparto Siboney, al oeste de la ciudad. Eran tres agentes, los dos subalternos vestidos de paisano. El jefe se hacía llamar Saucedo, mulato fuerte que rondaba los cincuenta.

Me brindaron queso, jamón, chorizo, jugo de mango que venía en una caja de limón, y almuerzo. No acepté nada, solo agua. Fui a orinar varias veces, porque el aire acondicionado y el agua hacen que orine mucho. Me preguntaron sobre la revista que dirigía y los fondos de organizaciones internacionales que la subvencionaban. Dijeron que yo era inteligente, pero que me hacía el bobo. Me llamaron mentiroso muchas veces y afirmaron, otras tantas, que el gobierno de Estados Unidos me financiaba. No creían que había llegado a San Isidro por solidaridad, seguían convencidos de que alguien me mandaba, de que obedecía órdenes de agentes extranjeros para lo que ellos llamaban «la subversión».

Uno me dijo que él no tenía amigos irreverentes. «Eso está mal», respondí, «amigos irreverentes es lo que hay que tener.» Por momentos intentaban conciliar y por momentos se volvían amenazantes. Insistieron en que comiera, se dieron cuenta de que no quería. Reconocía a dos de los policías. Ya me habían interrogado en marzo último en el aeropuerto, la última vez que había salido de Cuba. Me mostraron una crónica que había publicado sobre nuestro anterior encuentro y me reprocharon una línea.

Les dije que era literatura, que si querían les podía explicar. Parece que no les gustaba la literatura, porque me dijeron que no, que no les explicara. También dijeron que ese artículo no contaba toda la verdad. Les sugerí que escribieran el suyo y que yo lo publicaba. Dijeron que iban a pensarlo. Me preguntaron por mis libros y mis planes futuros. No tenía la menor idea de lo que eso significaba.

No iba a dejar de ver a mis amigos, quería recuperar mis libros y mis zapatos, e iba a participar en las discusiones públicas del ámbito cultural que sucedían en ese momento. Me recordaron cuál era el límite: «Dentro de la revolución todo, contra la revolución nada.» Una frase de Fidel Castro. «Nefasta», apunté, y ahí empezaron con consignas.

Dijeron de nuevo revolución y les dije que no era revolución, que era dictadura. Se molestaban cuando les disputaba el lenguaje, como si alguien los estuviera oyendo y no pudieran no salir al paso, so pena de castigo. Ortopedia para la escoliosis de la neolengua. Si ellos me preguntaban si iba a cometer algún tipo de acción contrarrevolucionaria (estoy usando exactamente su sintaxis), yo decía que no, desde luego, ¿a quién se le ocurriría semejante cosa?

Les expliqué por qué técnicamente lo que había en Cuba no era una revolución, pero ellos me dijeron que era una revolución viva, victoriosa, digna, fuerte, ni tantico así, y no se hablaba más. «No se sabe qué es dentro o fuera de la revolución», les dije, «así que al final ustedes siguen controlando nuestros cuerpos y actos a discreción.» Ahí entendían, por mi tono, el desacato manifiesto a sus normas semánticas. Intentaban entonces contrarrestar, pero aquello se convertía de inmediato en un batiburrillo de malentendidos que terminaban por agotar a ambas partes, hasta que pasábamos a otros temas de su interés.

Sabían que en cuanto saliera de allí iba a escribir sobre ellos, y me pareció creer que actuaban un poco en función de eso, lo cual explica que me hayan preguntado cómo me sentí en la conversación. Les dije que era un interrogatorio y me dijeron que yo no había visto lo que era un interrogatorio. Les dije que habían difamado de mí en la televisión, ¿cómo podía yo creer entonces que lo que allí hacíamos era conversar?

«Ahora cuando escribas tu nota, pon tal cosa», replicaron. Pero no puse nada, porque no era el mecanógrafo de la policía política. Entendí que *Una taza de café...* probablemente no había hecho más que describirme en situación, en vez de prepararme para plantear algún tipo de defensa más o menos novedosa, aunque sea ridículo el mero hecho de suponer una idea así. Quiero creer que fui irónico, esquivo, desganado. Comprendí lo que significaba, en el texto de Vaculik, «duro para los oídos». Aunque creo haberme mantenido en una zona parca, algo tuve que decir.

Me preguntaron de nuevo qué me había parecido el trato. Les dije que me sentía mal. No importaba cuán amables fueran o quisieran ser por momentos, la naturaleza del hecho era en sí misma violenta, y la bondad, en la medida en que intentaba justamente tapar esa naturaleza esencial, lo volvía todo aún más incómodo, antinatural. Así se siente cuando el poder que te quiere mal te trata bien, pensé. Me propusieron tomarnos un café más adelante. Siempre intentaban captarte, y eso asustaba. Les dije que solo a través del interrogatorio podrían ellos hablar conmigo. «Pero bueno», dijeron, «tú has visto que no te hemos golpeado, que no te hemos dañado.» Me eché a reír. «Eso no es un mérito», les dije, «no lo es.»

El silencio en Cárdenas

Dos días después, el 2 de diciembre, logré irme a Cárdenas, mi pueblo natal, en compañía de mi padre. En cuanto llegué a casa de mi abuela, donde también vivía mi tía y mis primos, me pusieron de nuevo vigilancia policial en cada esquina y luego al frente de nuestra puerta. Mi madre, que residía en otro lugar del pueblo, tenía que visitarme cada día. El resto de los acuartelados de San Isidro se encontraban en una situación similar.

El cuadro general del barrio era desolador. No había comida, la gente salía al pueblo a encontrar lo que apareciera, y la zanja se había desbordado y las aguas pestilentes y el limo negro de las excrecencias inundaban la calle. Un camión de Servicios Comunales destupía la fosa de la esquina de Genes y Jerez, un hueco engañoso en mitad del asfalto, oculto por el vómito albañal.

Cárdenas no tiene sistema de alcantarillado, y esa fosa venía desbordándose y destupiéndose semana tras semana desde que yo era niño. El mismo hedor circundante, el mismo camión viejo y los mismos trabajadores hastiados, el mismo ruido de unos hierros oxidados que entraban y salían con furia del corazón de la mierda, un traqueteo de la costumbre que se extendía por el barrio de Fundición como la melodía de la suciedad, el mosquerío y la pobreza, notas contrahechas para instrumentos desafinados, mal garabateadas sobre la calle blanda de la mazmorra.

Ni el hambre ni la fosa desbordada eran comentados por nadie, no había nada que decir sobre asuntos que pertenecían ya a la inevitabilidad del mundo o a la fatalidad de los cuerpos. En la noche, la gente salía a tomar aire en las aceras rotas y cuchicheaba los otros asuntos de interés. Lo hacían con pánico o desgano, con miedo o apatía, o tal vez con una mezcla terrible de todo eso, sentimientos de los que nada se podía esperar, salvo lo mismo. La casa de la esquina que quedaba justo frente a la fosa había perdido un pedazo del techo. Los trozos de placa quebraron por un momento la desidia de la gente, que se aglomeró alrededor, en ese desfiladero o pasillo mínimo entre las paredes de la vivienda y el agua albañal. Grabaron con sus celulares aquella nada, se dieron cuenta de que no había allí cosa alguna que pudiera volverse viral, ningún muerto, ningún herido, solo unos escombros en el suelo, y dejaron de grabar para ahorrar batería, lamentándose por su mala suerte. En la casa vivía Emilito, un muchacho un poco torpe y retardado que parecía nada menos que el sobrino o el hijo bastardo del Salvatore de Ron Perlman en *El nombre de la rosa.*

Un mes antes, veintitrés muchachos de la zona se habían robado una lancha de seis plazas del embarcadero más cercano y, en medio del mal tiempo por el paso de un ciclón, se habían lanzado en busca de las costas de la Florida. El radar los captó hasta que entraron en aguas internacionales, y es probable que ahí mismo se hayan ahogado. Los buscaron en los cayos de la zona y nunca aparecieron.

El otro tema era yo, y mi encierro. Escuchaba a Silvio Rodríguez y Joan Manuel Serrat con mi padre y leía *El Quijote.* La familia se había reunido a mi alrededor, y esa compañía resultaba fundamental. No me atosigaban con preguntas ni intentaban convencerme de nada. Se limitaban a apoyar, a pesar de que yo vengo de un círculo muy fidelista, muy suscrito a las leyes y a los afectos permitidos dentro de la revolución castrista. La policía, a su vez, cambió la patrulla por otros automóviles, una camioneta, un bus.

No supe si con ese juego de apariencias querían demostrar que no se trataba de vigilancia, pero el efecto era justo el contrario. Demostraba que la policía es cualquier cosa. Estaban en todas partes y sus uniformes y equipamientos no podían leerse más que como una formalidad. De hecho, habían montado un puesto de mando en casa de una vecina lengüilarga. En algún sentido, inspiraban un poco de compasión. Se acostaban sobre el timón, pasaban frío y calor, comían en pozuelos, y seguramente no sabían ni a quién estaban custodiando, ni por qué. Difícilmente mis pocas libras podían representar un peligro para alguien.

Una tarde de domingo, jugando con mis primos, mi abuela despertó en pánico de su siesta, pensando que el ruido se debía a que los policías habían entrado a la casa. Ahí me di cuenta de que la vigilancia golpeaba a todos por igual, y decidí hacer algo. Como no me metían preso, habían traído la prisión a mí. Protesté y me detuvieron. Terminé en una oficina de tránsito, sentado en una silla escolar, con la cabeza recostada a la pared.

Estuve callado cuatro horas. Un hombre enjuto filmaba mi mutismo con una cámara Leica, parecía el camarógrafo de las fiestas de quince. Su jefe me preguntó si ya mi familia sabía que tenía vínculos con terroristas de Miami. Escupí una carcajada. También mencionó a mi abuelo muerto, una enfermedad de mi madre y los estudios gratuitos que había recibido en el preuniversitario de la provincia.

En algún momento, le ordenaron al camarógrafo que apagara su Leica, entonces la puso a cargar a la corriente y me pidió que colaborara de una vez. Su mujer lo llamaba al teléfono porque la comida ya estaba servida y se iba a enfriar. Él contestaba que aguantara un poco más. No respondí ninguna pregunta, no cedí a ningún chantaje emocional ni a ningún trato lisonjero o amenaza ridícula, y solo abrí la boca cuando me dijeron que iban a retirar la vigilancia policial de la puerta de mi casa. Pensé entonces que el silencio era la vía. Pero Vaculik alertaba sobre este asunto: «Lo peor de todo es que no es bueno [no responder] para las relaciones entre las partes involucradas, porque la grieta que se crea a menudo es insuperable.» Fue algo que comprobé más adelante.

Interrogar e interrogantes

Para el tercer interrogatorio me citaron intempestivamente por teléfono. Debía ir a la estación policial de las calles 7.ª y 62, municipio Playa. Estaba tan seguro de que no había hecho nada, es decir, de que no había hecho nada incluso dentro de los términos de la policía política, no ya de los de la ley, que cometí un error garrafal. Fui por mi cuenta. Sin citación oficial ni nada. Pensé que se trataba de un trámite.

Dos noches antes había salido a un bar con amigos y desconocidos, algunos del Movimiento San Isidro, otros que habían participado en la manifestación y las conversaciones del 27 de noviembre con funcionarios del Ministerio de Cultura, y gente que no pertenecía a lo uno ni a lo otro. Pero resulta que también había un mexicano, o un gringo, o un gringo mexicano. Todavía a estas alturas no sé decir de dónde era, y si ahora me lo ponen delante, tampoco podría reconocerlo.

El hombre se presentó y habló conmigo dos segundos. Dijo que era artista. Me pidió una foto y creo que accedí, aunque yo estaba medio borracho y ni siquiera recuerdo demasiado. El tipo quería conversar, pero yo no soporto que la gente me venga a hablar de Cuba, porque es como si llevaran al mecánico su juguete recién comprado para que les expliquen cómo funciona. Si lo compraste, échalo a andar por tu cuenta, eso no tiene garantía. Zafé rápido y seguí en lo mío. Nunca más lo vi.

Sin embargo, como yo paso buena parte de mi vida en México, y como un extranjero es siempre para la policía política un agente desestabilizador, un enviado del mal, algo tan exótico y aterrador como un extraterrestre, me vincularon al parecer con aquel sujeto, con aquel delito. Dijeron que el hombre le había entregado un celular al artista Luis Manuel Otero, y que venía con planes que yo desconocía.

En un mundo globalizado, Cuba pensaba por países. También cabía la posibilidad de que la Seguridad del Estado imaginara México del tamaño de Pinar del Río, un lugar donde el mexicano gringo se cruzaba conmigo cada día en el único supermercado disponible del pueblo. Me hicieron preguntas obvias que sabía que ellos sabían. Ahí no debía callar o mentir, porque luego, cuando me hacían preguntas cuyas respuestas verdaderamente desconocía, como, digamos, qué hacía aquel mexicano gringo en La Habana, iban a pensar que igual estaba callando o mintiendo a conciencia.

Nada de esto tampoco surtió efecto. A partir de cierto punto decidí volver al silencio. Dije que no respondía más y no lo hice. Quizá se enfurecieron, quizá ya tenían pensado el desenlace de antemano. ¿Cómo saberlo? El resultado fue que me secuestraron y esa misma tarde me trasladaron contra mi voluntad hasta Cárdenas, a ciento cincuenta kilómetros de La Habana. En un punto, cuando el auto se detuvo, me fugué. Me metí a un monte. El marabú me destazó la piel. Cuando finalmente me atraparon, tenía sangre y arañazos por todos lados. Nunca me sentí tan agotado ni derrotado como esa vez.

Mi familia quería que me quedara en Cárdenas, pero, si les hacía caso, no me iba a mover más, tenía que usar la bronca antes de que se apagara para volver a La Habana como fuese. Mi madre me acompañó esa misma noche. Alquilamos un taxi. Agradecí tanto que viajara conmigo. Recuerdo que me apretaba la mano en cada punto de control que pasábamos, aunque ya desde el primero, en las afueras de Varadero, nos habían reconocido, y, evidentemente siguiendo órdenes superiores, nos habían dejado seguir.

El penúltimo interrogatorio (tuve otro en el aeropuerto semanas después, cuando ya decidí marcharme) fue en compañía de mis padres. Ahí hablé básicamente para que ellos escucharan. Nos recibió solo el jefe de los interrogadores, que no aparecía desde la primera citación, pero siempre manejaba los hilos. Intentó explicarme por qué me habían trasladado contra mi voluntad para la casa de mi familia.

Dejó su celular fuera de la habitación y nos preguntó si traíamos los nuestros. Ya me había dicho anteriormente que ellos no filmaban ni grababan nada sin consentimiento. Después de que ambos nos callamos, sin llegar a ningún acuerdo sobre el punto de que ciertos derechos individuales podían tomarse como provocaciones que merecían castigo, él quiso escuchar lo que mis padres tenían que decir. Cada uno pidió, palabras más palabras menos, que no me sucediera nada, y la conversación se fue diluyendo hasta que yo me quedé trabado en el baño y el jefe de los interrogadores me abrió la puerta con afecto cómplice.

Mi experiencia, si bien palidecía ante el largo historial de interrogatorios con que contaban decenas de periodistas, activistas, artistas, disidentes y políticos cubanos, me decía que no había ruta ni método único ante un mecanismo represivo que parecía menos cambiante de lo que en realidad era. Algunos viejos lobos sugerían: «No hablar, no hablar, no hablar.» Tenía serias dudas, sobre todo porque tal cosa no iba a suceder nunca completamente, y porque la policía política también controlaba y resituaba los silencios en su campo de representaciones. Desde subtenientes preverbales hasta generales enérgicos, desde casas en el barrio lujoso de Siboney hasta oficinas malolientes en Alamar, desde chequeos de rutina hasta detenciones sorpresivas, el arco dramático de los interrogatorios nos obligaba a leer el contexto impuesto al tipo de acusado que ese día éramos.

El debate había cobrado fuerza durante los últimos días, luego de que la televisión nacional hubiera publicado materiales descalificadores de periodistas no estatales, en los que usaban imágenes abiertamente manipuladas, filmadas sin autorización. Desconocíamos cuál era el curso de las charlas, y también las preguntas que antecedían a las respuestas editadas de los colegas, pero sus expresiones corporales delataban la arbitrariedad, la presión y el miedo al que en ese momento se veían sometidos.

Se me ocurrió, para dificultar los cortes de las palabras, introducir en mis futuros parlamentos una suerte de coletilla molesta, repetida maquinalmente. A saber: «Mi nombre es... Abajo la dictadura... Carlos Manuel Álvarez... Abajo la dictadura... y nací en Matanzas... Abajo la dictadura... en el seno de una familia... Abajo la dictadura... humilde.» Pensé, desde luego, qué habría en mis videos. Habían sido muchas horas, ¿quién sabe cómo podrían usarlas? Recordé haber tenido en el primer interrogatorio la conciencia fulminante de que me estaban filmando. Por supuesto que siempre me estaban filmando, pero era como si en ese segundo me estuvieran filmando más que nunca.

Uno de los interrogadores, uno bastante torpe, me preguntó si yo de verdad creía que Iliana Hernández, una activista incansable, era periodista. Buscaba complicidad, que yo dijera: «No, claro, qué periodista va a ser, periodista soy yo», o algo así. Hernández, huelguista de San Isidro, era una maratonista que se reía cuando le organizaban frente a su casa mítines de repudio. No contesté esa vez, y tuve la extraña epifanía. Mi cara de interrogado en televisión, diciendo cosas que no dije, tal como luego, en efecto, les sucedió a colegas cercanos. Había también, en esos audiovisuales propagandísticos, águilas imperiales y música tenebrosa sobrevolando nuestras imágenes de reporteros mercenarios.

Cuando vuelva, me van a esperar

El 10 de enero volé a Miami. Me dijeron que me iban a estar esperando cuando volviera, algo que no tenían siquiera que informar. Desde el primer interrogatorio me propusieron que me fuera enseguida. «¿Te sabes el cuento del barquero?», decían. «Dios le envió tres rescates, no tomó ninguno y se ahogó. Después no culpes a Dios. Si te vas ahora, no te levantamos cargos.» Me di cuenta de que ellos estaban apurados. Creo que el miedo era finito, una cuota de temor nacional. El que nosotros perdíamos, pasaba al poder. Trataba, todavía, de controlar mis idas y salidas del país. En la medida de lo posible, intentaba actuar contra el totalitarismo como si el totalitarismo no existiera, que era quizá la manera más efectiva de superarlo.

¿Por qué había ido yo a Cuba? Había gente –negros, mujeres, gays, el reguetón de fondo– que estaban inventando un país extranjero dentro de la isla. La libertad había sido, hasta el momento, dispersión alrededor de un centro vacío: intuición y reguero, permanencia en la fuga. Contrario a Lezama, que frustrado en lo esencial político se refugió en cotos de mayor realeza, yo no tenía ningún otro lugar en el que refugiarme. Mi conocimiento venía de la ignorancia, mi plenitud de mis limitaciones, y la calma de la furia. Lo que me gustaba y lo que no me gustaba estaba a la misma distancia, y me incidía de la misma manera lo que conocía y lo que no.

En la calle, camino al aeropuerto, continuaban las largas filas para comprar en cualquier establecimiento un poco de comida. Entonces pensé, como una suerte de despedida, que lo que los cubanos buscaban en la comida al final no era comida. Las largas colas para comprar un pedazo de pollo o unos files de huevos no eran al final las largas colas para comprar un pedazo de pollo o unos files de huevos, y la razón por la que las colas nunca terminaban no era porque escaseara precisamente el alimento o el producto que ese día milagrosamente había aparecido y todos salían en desbandada a comprar. Lo que escaseaba era otra cosa, cifrada, que la gente intuía. Había ido por eso, seguramente.

En «Un artista del hambre», el cuento de Kafka, el ayunador agoniza dentro de su jaula circense y les dice a todos que lo perdonen, pero solo lo escucha el inspector, pegado a la reja (¿quién, si no el inspector, va a escuchar?). «Sin dudas», dice, «todos te perdonamos.» El ayunador había deseado toda la vida que lo admiraran por su resistencia para no probar bocado, y cuando el inspector le responde que, en efecto, lo han admirado, el ayunador contesta que no debieron hacerlo, porque ayunar le era forzoso, no podía evitarlo.

¿Y eso por qué? Pues porque nunca pudo encontrar comida que le gustara. «Si la hubiera encontrado, puedes creerlo, no habría hecho ningún cumplido y me habría hartado como tú y como todos», fueron las últimas palabras del ayunador. Los huelguistas de San Isidro eran un poco el ayunador. Habían buscado por toda Cuba una comida que les gustara, habían querido hartarse como los demás, pero no pudieron encontrarla en ningún lugar. Y he ahí que, como la libertad solo se encontraba en ellos, empezaron a comerse a sí mismos.

PUERTO RICO

No hay príncipes en el Caribe

Ana Teresa Toro

> *The sigh of History rises over ruins, not over landscapes, and in the Antilles there are few ruins to sigh over, apart from the ruins of sugar estates and abandoned forts.*
>
> DEREK WALCOTT

Por fin habían llegado las Olimpiadas de 2004. En Puerto Rico las estábamos esperando. Era un año importante. Habíamos querido que fuera nuestro año. Lo habíamos soñado colectivamente. En los noventa se hizo incluso una campaña mediática –con niños corriendo sobre empinadas montañas con antorchas– para que el país compitiera por ser la sede del máximo evento deportivo internacional en aquel año, que entonces se sentía tan lejano. Así pasa con los futuros que, secretamente, sabemos inalcanzables. Tienen que sentirse lejanos para que no incomoden, para que podamos Creer, así, con «c» mayúscula. Nosotros creímos y, entonces, el futuro era eso: que en nuestra isla cupiese el mundo.

Aunque hoy a mucha gente esa antigua aspiración le provoque una mezcla de indignación y frustración, ternura y nostalgia y hasta un poco de vergüenza, la verdad es que en la isla, en la última década del siglo XX, soñábamos en grande. Creíamos que podíamos competir en las grandes ligas del mundo y ganar.

Evidentemente no hubo tal sueño olímpico, pero el 2004 no tuvimos que ser anfitriones de nada para protagonizar uno de los momentos más emocionantes de la historia deportiva. No nos tocó la olimpiada, pero fuimos absolutamente olímpicos.

Ocurrió el 15 de agosto de 2004, en pleno verano de Olimpiadas en Atenas, Grecia. Estados Unidos, haciendo gala de su posición de superpotencia mundial, se presentó al evento con su equipo de baloncesto liderado por las entonces estrellas de la NBA Allen Iverson, Tim Duncan, Dwyane Wade y Carmelo Anthony. Reconocidos mundialmente como el Dream Team, sus integrantes no siempre habían podido representar a su país en Olimpiadas hasta entonces, pues el reglamento impedía a jugadores de la NBA hacerlo en el pasado. Esto cambió en 1992 y desde entonces estaban invictos: habían ganado el oro en las Olimpiadas del 92, del 96 y de 2000. Soñar con vencerlos era sencillamente imposible. Un equipo que se llame sueño, procedente de un país cuya narrativa se fundamenta en la existencia –o la ilusión– de algo concreto llamado sueño americano, no puede tener competencia. Fue así, y así debía ser por siempre y sin cuestionamientos... hasta el 2004.

En la isla todo se paralizó para ver el juego. Puerto Rico había clasificado a las Olimpiadas en el 2004 ejerciendo la soberanía deportiva que ostenta desde 1948. Ante la condición de subordinación política del país a los Estados Unidos, son las Olimpiadas el evento internacional de mayor proyección global en el que Puerto Rico puede participar como un país, con una sola bandera, un solo himno, en una especie de independencia simbólica que le causa cortocircuitos cerebrales a más de un politólogo.

Rara vez un país ocupado por otro tiene la ocasión de redimir dignidades en el terreno de lo simbólico. En aquel juego a la gente se le olvidó que en este lugar ondean dos banderas y se agarraron solo a una, la propia, la puertorriqueña. Quedaron en suspenso las complejidades de las relaciones que cada persona ha desarrollado con respecto a

232

los Estados Unidos –algunos quieren ser parte, otros quieren mantener la condición actual de manera permanente y otros quieren la independencia– para acomodarnos todos debajo de un solo símbolo patrio. Éramos nosotros contra ellos en un episodio clásico de las épicas del *underdog*. Y esto estaba pasando en un escenario global en tiempos de globalización.

Los puertorriqueños jugaron con un nivel de concentración y pasión estremecedor. Escribirlo, relatarlo, hace que el cuerpo reaccione: pa-ra-pe-los. El equipo nacional estaba liderado por el reconocido centro y miembro del Salón de la Fama de la FIBA José «Piculín» Ortiz, el Picu. Junto a él estaban los veteranos tres puntistas Eddie Casiano y Larry Ayuso; a ellos se sumaban los más jóvenes del equipo: Carlos Arroyo, Bobby Joe Hatton y Rolando Hourruitiner. En un momento que quedó marcado para la historia en murales, camisetas y en la gestualidad popular a la que recurrimos los puertorriqueños cada vez que queremos celebrar un logro colectivo, Arroyo –al encestar y mirando a los ojos al oponente– se agarró la camiseta con las dos manos como diciendo «¡toma!», destacando así las letras que llevaba pegadas al pecho y que nos dan identidad: Puerto Rico. Se las sacó del pecho para echárselas en la cara.

El marcador final fue de 92-73 a favor de los boricuas, una humillación para el Dream Team que jamás se vio venir y que dejó atónitos a los analistas y fanáticos del deporte a nivel internacional. La prensa lo catalogó como una de las derrotas más sorprendentes en toda la historia de las Olimpiadas. Naturalmente, la mayoría lo narró desde el ángulo de los Estados Unidos, dejando claro que cualquier narrativa empieza y termina allí. Para nosotros, en Puerto Rico, se trató de la mayor victoria jamás alcanzada en un evento de esta naturaleza, pero sobre todo se trató de un triunfo con un valor simbólico que trascendía mucho más allá de la cancha.

Le habíamos ganado en su propio juego al equipo del país que nos ocupó.

En ese momento los puertorriqueños recordamos que sabíamos ganar. Y ganar es una máquina que hay que aceitar con frecuencia. Nos sentíamos importantes. O mejor aún, como se dice en las esquinas: nos sentíamos gente.

Pero en el 2019, después de la quiebra del país, de la devastación y muerte que dejaron los huracanes Irma y María y de la colección de crisis que exhibe la isla, estábamos en el piso. Habíamos olvidado que ganar era una posibilidad, hasta que se reveló a través de la filtración de un chat lo que el gobernador de entonces –Ricardo Rosselló– pensaba de la gente que gobernaba. Aquello fue personal. El país se organizó como pocas veces ha sucedido en la historia, salió a la calle y lo expulsó. Ahora vive en Virginia como príncipe en el destierro.

No ganamos todo por lo que se marchó para pedir su salida, pero recordamos que ganar es una posibilidad y eso en una sociedad jamás será poca cosa.

El nivel de cohesión y de sintonía de propósitos que se logró en el país para la expulsión de Rosselló tiene un precedente cercano. Sucedió en aquellos mismos años del principio del siglo XXI, cuando encestábamos en el canasto de básquet tan bien. Hubo una victoria que trascendió lo simbólico y se instaló en lo concreto. Se trata del caso de Vieques, una experiencia de lo que es ganar que estaba fresca en la memoria. Tras décadas de activismo, protestas, ocupación de terrenos y otros actos de desobediencia civil, en mayo de 2003, la Marina de Guerra estadounidense se vio forzada a abandonar los terrenos que ocupaba en la isla municipio de Vieques y que utilizaba para prácticas y maniobras militares que todavía tienen efectos nefastos en la vida y salud de los habitantes de la isla. La ocupación data de los años cuarenta y la resistencia se manifestó de manera organizada por años, pero no fue hasta la muerte de un guardia civil de seguridad de nombre David Sanes Rodríguez, a causa de maniobras aéreas de bombardeo de un jet F18 de la Infantería de Marina estadounidense, que la llama de la llamada Lucha de Vieques se encendió y no se apagó hasta alcanzar su objetivo.

El grito «¡Fuera la Marina!» se escuchó alrededor del mundo y en la isla salió de los labios de personalidades de todo el espectro político. Enemigos ideológicos marcharon bajo la bandera puertorriqueña y la bandera de la paz en la legendaria manifestación La Nación en Marcha. Más de ciento cincuenta mil personas participaron convocadas por organizaciones civiles, obreras, religiosas, políticas y de toda la diversidad social del país en el evento que se llevó a cabo el 21 de febrero del año 2000 para exigir la salida de la Marina más poderosa del mundo de una pequeña isla que, por demasiado tiempo, le había servido de terreno para ensayar la guerra y de caldo de cultivo para sus desperdicios tóxicos. Los mismos que en la actualidad la mantienen como uno de los lugares en el mundo con mayor incidencia de cáncer, entre otras enfermedades y problemas vinculados a esa ocupación.

El activismo a favor de la salida de la Marina de Vieques se fortaleció con la participación activa de la diáspora puertorriqueña en los Estados Unidos, con la creación de un campamento de desobediencia civil –liderado por el presidente del Partido Independentista Puertorriqueño, Rubén Berríos– en el que ocurrían arrestos cotidianamente y a través de la forja de alianzas que lograron trascender las divisiones políticas tradicionales a lo largo y ancho del país. Parecerá una obviedad, pero en ese momento los puertorriqueños no solo aprendimos a ganar, sino que reconocimos que para hacerlo el único camino posible era el consenso. Y hay momentos en la historia en los que el consenso se logra detrás de una bandera, de una emoción y de una verdad irrefutable: no merecemos morir por las guerras de otros. Palabras que en Puerto Rico resuenan del modo más cruel. Imposible olvidar en el trasfondo de ese proceso de históricas protestas que, desde el año 1917, los puertorriqueños poseen la ciudadanía americana y han peleado las guerras de la metrópoli de la colonia más antigua de América.

Es decir, por debajo de cualquier consenso posible, hay toda una narrativa emocional y colectiva que se impone y se repite, respecto de la condición de subordinación política de Puerto Rico frente a los Estados Unidos. Y en cada conflicto la relación que cada puertorriqueño ha definido para sí, en respuesta al lugar que ocupa los Estados Unidos en toda nuestra cotidianidad, atraviesa todas las conversaciones. Es lo usual en las colonias: los partidos, las lealtades, las alianzas, se definen a partir de la relación con la metrópoli. Lo inusual es cuando esas rupturas y divisiones internas pueden entrar en suspenso a la luz de una causa mayor. Ocurrió en Atenas para la alegría. Ocurrió en Vieques para la justicia.

−¿Ustedes son o no son?

Es la pregunta que cualquier puertorriqueño que viaja por Iberoamérica −o por cualquier parte del mundo− debe responder. Se refiere, naturalmente, a si pertenecemos totalmente a los Estados Unidos o si nos queda algo de latinoamericanos. O viceversa. Así que salgamos de ella pronto.

En 1898 Puerto Rico fue cedido por España a los Estados Unidos como parte del Tratado de París con el que sellaron su derrota en la Guerra Hispanoamericana.

Estados Unidos impuso gobernadores militares, transformó la economía agrícola de la isla llevándola al monocultivo; devaluó radicalmente la moneda del país; instaló una

236

economía ausentista –es decir, de dueños que controlaban todo desde afuera de la isla sin generar las contribuciones y actividad económica que la explotación de los recursos requeriría–; se insertó en el mundo social y cultural de la isla a través del apoyo a amplios grupos de religiones protestantes que se instalaron por diseño a través de todo el país tanto para su obra social como para retar con sus dogmas la hegemonía católica de la isla; otorgó la ciudadanía americana (así ganó miles de soldados al instante) y vio empobrecer al país en la década de los cuarenta a niveles extremos.

La presión internacional en contra de la existencia de colonias, así como la búsqueda de una suerte de resolución para el caso puertorriqueño impulsada también desde la isla, llevó al gobierno estadounidense a pactar con un grupo de puertorriqueños liderados por el político Luis Muñoz Marín. El resultado fue la creación del Estado Libre Asociado de Puerto Rico (ELA) –erróneamente traducido al inglés como Commonwealth of Puerto Rico–, un pacto a través del cual se le concede a la isla mayor autogobierno –eligiendo por la vía del voto a su gobernador y legislatura–, así como el uso de su bandera propia y simbología nacional libremente, además de la creación de una nueva Constitución, pero manteniendo una subordinación total al Congreso de los Estados Unidos. Para algunos, una traición a las luchas independentistas. Para otros, un paso de avanzada hacia la autonomía. También hubo quienes lo vieron como una puerta abierta a la incorporación final de Puerto Rico como un estado más de los Estados Unidos. Y están los que jamás aceptaron el pacto como otra cosa que no fuera un eufemismo para prolongar la condición colonial.

Los Casos Insulares que decidió la Corte Suprema de los Estados Unidos a principios del siglo XX mantenían su vigencia a pesar del pacto entre Puerto Rico y los Estados Unidos. En ellos se establecía la realidad que prevalece hasta el presente: Puerto Rico pertenece a, pero no forma parte de los Estados Unidos. Desde entonces se vive aquí en contradicción política, en cuestionamiento constante, en confusa dualidad, en incómodo balance. Es decir, en colonial existencia. Pero en 1952, cuando se estableció el ELA, los puertorriqueños avalaron ese camino en las urnas de manera masiva. Más de un 60 % de la población estuvo a favor y celebraron cuando por primera vez la bandera monoestrellada de la isla se izó, así fuera al lado de la bandera estadounidense. También se escucharon ambos himnos en todos los eventos oficiales. Pero hoy en día, y al igual que antes, no pocas personas se bajan la mano del corazón cuando suena el himno estadounidense, en un íntimo gesto de protesta. A veces al colonizado le queda solo eso: bajar una mano del corazón porque no hay más salida que la de los afectos.

Durante las décadas siguientes Puerto Rico se convertiría en la gran vitrina caribeña para el modo de vida «a la americana», en contraste con la Cuba revolucionaria. La isla logró un crecimiento económico importante, entraron en vigor programas sociales que ayudaron a batallar contra la pobreza extrema y, aunque la resistencia independentista alcanzó puntos de ebullición como ocurrió en el 1954 con el ataque a tiros al Congreso de los Estados Unidos por parte de un grupo de nacionalistas puertorriqueños, el Partido Popular Democrático –gestor del ELA– continuaba ganando avasalladoramente las elecciones. Aquellas serían las décadas que algunos identificarían después como el periodo de «la colonia feliz». Y no porque no hubiese resistencia al estatus, sino porque, para la mayoría de la gente, el nuevo orden político les había dado la primera oportunidad de movilidad social. Muchas personas recuerdan todavía hoy que «Muñoz Marín me dio zapatos», y bajo esa frase que aún se usa como una sentencia –desgastada pero sentencia al fin– se instaló en el imaginario colectivo la mirada amable del ELA.

Pero el proyecto de país no alcanzaría para todos y la migración masiva hacia los Estados Unidos sería un componente desgarrador e indispensable para que llegara el «progreso». No había país para tanta gente. Y esa, entre tantas, sería una de las más visibles y dolorosas derrotas del proyecto del ELA.

Con los años y la creación de una serie de incentivos contributivos a través de los cuales las empresas gozaban de amplias exenciones para establecerse en Puerto Rico, la isla continuó su crecimiento, pero cada vez más dependiente de los intereses externos que de los propios. Es decir, hubo crecimiento pero no hubo desarrollo. Ante esta realidad, los hijos que el proyecto del ELA no supo, ni pudo, acoger comenzaron a contemplar la anexión como la salida natural hacia el «progreso». Mientras, la persecución política del Estado al independentismo poco a poco fue dividiendo y mermando el movimiento, aunque nunca lo desapareció. El electorado entonces se dividió entre el partido pro ELA y los anexionistas como fuerza bipartita mayor, y el independentismo como tercer grupo y principal minoría.

Entonces llegaron los noventa. Ya la obra social no deslumbraba a nadie, había que hacer coliseos, autopistas, puentes, y hasta un tren urbano. El rostro de toda esa suerte de revolución del cemento –dentro de la cual también se reformó todo el sistema de salud y se dieron pasos contundentes a favor de la privatización de bienes y servicios públicos– y en la que importaba lo que podía verse literalmente en concreto, sería el de un hombre carismático en todo el sentido. Era un tenista campeón, cirujano pediatra de alto prestigio en el país y en el extranjero, un hombre joven, padre de familia, ojos azulísimos, pantalón cortísimo al joggear en sus anuncios de campaña y bailarín experto de la Macarena. Su nombre: Pedro Rosselló González. Además, como si fuera poco, era un anexionista irredento. Prometió progreso y estadidad, y aunque su personalidad distaba mucho de la de los tradicionales hombres y mujeres de Estado (por ejemplo, en un debate le sacó la lengua a su oponente, Victoria Muñoz Mendoza, hija de Muñoz Marín), la gente, en lugar de repudiar su falta de pudores, lo celebraba y alababa por ello. Al postularse arrasó en las elecciones. Así comenzó la era de Rosselló. Fueron ocho años enmarcados en la guerra contra las drogas y en la desarticulación de la base de la economía del país, la sección 936 del Código de rentas internas federal, bajo la cual se diseñaron las exenciones contributivas que convirtieron a Puerto Rico en el epicentro de la industria farmacéutica estadounidense, y a su vez había espacio para otras industrias. Esto ocurrió en el 1996, cuando el propio Rosselló abogó por la desaparición de esta sección por considerar que retrasaba su objetivo de la estadidad para la isla.

Su personalidad respondía a los tiempos de la llamada era del espectáculo. Antagonizó fuertemente con la prensa, y en una ocasión hasta llegó vestido de Pedro Navaja –el mítico personaje de la canción de Rubén Blades– a la mansión ejecutiva. En una de sus campañas la oposición, buscando criticar su estilo narcisista, le llamó «el Mesías» y él se apropió del mote y su simbología: antes de cada discurso salía desde el fondo de la tarima elevándose en una plataforma rodeado de humo. Si la política era un gran teatro, Pedro Rosselló vino a dar clases de actuación.

La culminación de su mandato (1993-2001) se vio empañada por el hecho de que unos 40 funcionarios de su gobierno, entre ellos sus asistentes y colaboradores más cercanos, fueron convictos por casos de corrupción. La cantidad de dinero público robado y el hecho de que se hayan podido probar tantos casos en corte y resultar en convicciones (condenas) no tenía precedente en la isla. Pero a Rosselló –salvo un caso relacionado con su pensión– no se le pudo imputar nada. Hoy en día asegura que nunca supo nada. Para el país ha quedado como el gobernante más enajenado del mundo o como el corrupto más perfecto.

Mientras todo eso pasaba, en la Fortaleza –el palacio de gobierno ubicado en el Viejo San Juan– vivía uno de sus hijos, el menor, Ricardo Rosselló. Nunca ostentó el carisma de su padre. Ricardo tenía más bien una personalidad un poco fría y distante, pero tenía los mismos ojos azules y las mismas ganas de gobernar. En aquellos años se le conocía como un adolescente rebelde y se rumoraba que hacía fiestas que se salían de control en la casa de gobierno con sus amistades, e incluso su nombre estuvo vinculado a un accidente de tránsito en el que personas fallecieron, pero nunca se pudo corroborar. Se dice que por acuerdos de confidencialidad. De esto él jamás ha hablado, pero quedó en el ambiente como un cuestionamiento abierto al carácter que tenía en su juventud. Quedó como un príncipe rebelde en la memoria de mucha gente.

Ricardo Rosselló es el tercer hijo del matrimonio entre Pedro Rosselló y Maga Nevares, una mujer perteneciente a una de las familias más adineradas de la isla. Estudió en el Colegio Marista de Guaynabo, un colegio católico al que asisten hijos de familias de poder en la isla. Al graduarse, se fue a estudiar su bachillerato a los Estados Unidos en el reconocido Massachusetts Institute of Technology (MIT) en economía e ingeniería biomédica. Posteriormente, obtuvo un doctorado en ingeniería biomédica de la Universidad de Michigan.

Siempre se mantuvo atento y merodeando la política del país. A veces sus intenciones parecían serias; otras simplemente parecía un príncipe desesperado por volver a casa. Y, aunque los escándalos de corrupción empañaban la historia de su padre, para miles de puertorriqueños el apellido Rosselló estaba vinculado al último momento en la historia en que habían vivido relativamente bien. No importaba si ese bienestar había sido construido sobre los cimientos de una creciente e imparable deuda pública y sobre la desarticulación de la economía del país. A veces se mira al pasado desde lo íntimo y en aquel entonces –en los noventa– la mayoría del país estaba mejor que en el siglo XXI. Se soñaba con futuros que no llegaron nunca, pero dejaron la memoria de haber existido así fuera en sueños.

La caída comenzó dos años antes que en los Estados Unidos. En el 2006 se cumplió el plazo de diez años para la salida de las 936 (así se le llamaba a las empresas bajo la sección) del país y ninguno de los gobernantes que estuvo antes logró rediseñar las bases de la economía de la isla. La recesión explotó con fuerza. Dos años más tarde, en el 2008, explota la burbuja inmobiliaria en los Estados Unidos con consecuencias globales y la situación en Puerto Rico se agudizó.

La migración masiva a los Estados Unidos se aceleró y la respuesta de los gobiernos fue más deuda pública. La economía pendía de un hilo y en el 2016 se hizo insostenible. El país intentó irse a la quiebra, pero el Congreso no lo permitió. En su lugar, se firmó una ley, el Puerto Rico Oversight, Management, and Economic Stability Act (PROMESA) y desde entonces la isla está bajo una Junta de Supervisión –más bien de Control– Fiscal que interviene en todas las decisiones económicas del gobierno y maneja toda negociación con los acreedores.

A un país en quiebra, partido en dos por la migración, donde cualquier promesa de futuro próspero estaba rota, regresó Ricardo Rosselló a hacer su campaña para la gobernación. Era obvio que no tenía la elocuencia y garra política de su padre, pero tenía su apellido y una larga lista de promesas que comenzaban con la certeza de que la deuda se podía pagar. Era obvio que no, se trata de una deuda que nunca fue debidamente auditada y que forma parte de la tendencia de ofrecer préstamos a sabiendas de su peligrosidad. Pero la gente le creyó. No ganó de manera avasalladora, ni tuvo un mandato contundente. Venció apenas con un 41 % de los votos en un país donde se daban victorias por encima del 60 % (aquí no hay segundas vueltas), pero ganó y comenzó su gobierno en el 2017 con Estados Unidos aún en shock ante la entrada de Donald Trump a la Casa Blanca.

Y entonces vinieron los huracanes Irma y María y su gobierno comenzó a tambalearse. Demostraron ser incapaces de manejar la emergencia que cobró más vidas por negligencia que por la furia de los vientos. Cuando Donald Trump visitó la isla, Rosselló bajó la cabeza y concedió todo lo que el presidente decía, a pesar de tener evidencia de lo contrario. Era eso o perder alguna ayuda, dirían después. Pero al país esos vericuetos políticos no le interesan: la gente vio a un líder débil e incapaz de salvaguardar la vida de la gente.

Y fue la misma gente la que comenzó a verlo con otros ojos. La misma gente que vio morir a sus familiares porque no tenían electricidad para operar un ventilador o un camino abierto para llegar a un hospital. La misma gente que enterró sus muertos en los patios o que tuvo que enfrentar la tasa más alta de suicidios en tiempos recientes. La misma gente que esperó meses y en algunos casos más de un año por electricidad. La misma gente que hizo filas de diez y doce horas para un poco de hielo y gasolina. La misma gente que retrocedió en el tiempo y se fue a lavar en ríos sin protestar, que despidió a sus seres queridos en el aeropuerto y cuando se escuchaban las críticas al gobernador decían: Ay bendito, ese pobre muchacho, hace lo que puede. La misma gente que llevó al Capitolio más de tres mil pares de zapatos en un gesto simbólico de reconocimiento de las muertes que provocó el huracán. La misma gente que lo apoyó o lo criticó un buen día no pudo más y llegó hasta la puerta de esa casa que nunca fue suya del todo. Lo rodearon. Lo presionaron. Lo sacaron de allí.

«¡Ricky, renuncia!», «¡Ricky, renuncia!», «¡Ricky, renuncia!». Durante el verano de 2019 en toda la isla esa fue la frase más escuchada y gritada a todo pulmón. Estaba escrita en grafitis, impresa en camisetas, pancartas, bandanas y banderas. De tanto repetirse tenía un poco de esa sensación de absoluto que tienen los mantras.

La isla entera era ese verano un cuerpo vivo que logró canalizar los años de vejaciones, silencios y abandono por parte del gobierno en ese único grito. Es justo decir lo obvio: a un solo hombre no puede adjudicarse todos los males que aquejan a un país, pero también es verdad que los gobernantes –en el momento en que advienen al poder– se convierten en símbolos de sistemas, decisiones, triunfos y tragedias. En sus nombres se consolida un sentir que les trasciende. Eso le pasó, o más bien le atravesó, a Ricardo Rosselló.

Su caída comenzó poco después de la prolongada emergencia del huracán María, una situación que colocó a Puerto Rico en boca de los estadounidenses como nunca antes en la historia reciente. Hasta entonces, la isla era como un primo lejano o un prisionero olvidado que o se desconocía del todo, o se visitaba alguna vez en la vida y nada más. A pesar de que actualmente viven más puertorriqueños en los Estados Unidos que en la isla, y que la diáspora boricua es de las más extensas y con mayor arraigo y tradición en dicho país –un símbolo de esto fue el nombramiento de la primera integrante latina de la Corte Suprema, la jueza de origen puertorriqueño Sonia Sotomayor–, la verdad es que muy rara vez la situación de Puerto Rico acapara la atención mediática en la prensa estadounidense. Pero el efecto Trump y la magnitud de la crisis humanitaria que generó el paso del huracán hizo que esto cambiara radicalmente. En parte como una táctica de los liberales para atajarle un golpe a Trump ante su demos-

244

trado desdén a la isla, inmortalizado en la imagen del presidente lanzando papel toalla a un grupo de personas. Aunque también porque, en el fondo, la isla siempre ha sido una especie de remanente vivo de la época colonial, que siempre ha sido más fácil ignorar que confrontar. Pero de pronto, desde finales de 2017, en la televisión nacional de los Estados Unidos había anuncios con figuras como la actriz Rita Moreno recordando a los estadounidenses que los puertorriqueños son ciudadanos americanos y que atender la emergencia era responsabilidad de todos. De hecho, fueron los esfuerzos de ayuda organizados por la diáspora boricua algunos de los más importantes a corto y largo plazo en la recuperación. De manera que la metrópoli estaba prestando atención a lo que pasaba en la isla y aquellos aspectos del gobierno local que rara vez generaban atención mediática en los Estados Unidos, ahora estaban bajo intenso escrutinio.

Mientras, el interior del gobierno de Rosselló no lograba afianzarse. En su campaña había querido estar con Dios y con el diablo, pactando con líderes de fuerzas adversas a los cuales jamás lograría complacer. Esto, en parte, por el perfil político de Rosselló. En términos de la política tradicional, el gobernador es de corte liberal y milita en el Partido Demócrata en los Estados Unidos. Sin embargo, en Puerto Rico pertenece al Partido Nuevo Progresista, donde se encuentra la mayor parte del sector conservador del país. Ocurre que en Puerto Rico la política no se organiza en partidos claramente entre derechas e izquierdas, la división está fundamentada en la relación con los Estados Unidos; es decir, en el estatus político futuro que se prefiere para la isla. Esto crea grandes confusiones y muy inusuales alianzas. Aunque lo usual es que las izquierdas estén vinculadas al ala independentista, también es posible encontrarse con independentistas que son firmes en su visión conservadora del mundo o estadistas que marchan a favor del aborto. Esta falta de un frente común en términos de visión de gobierno colocaría a Rosselló en las peores condiciones para recibir un golpe contundente como el que le vendría en el verano.

El primer cantazo ocurrió el 10 de julio de 2019, cuando se conocieron las acusaciones por conspiración para cometer fraude, robo, fraude electrónico, lavado de dinero y conspiración para lavado de dinero (ascendente a más de 15 millones de dólares de fondos destinados a salud y educación) que hizo un gran jurado federal a dos de sus más altas funcionarias públicas: a Julia Keleher, quien fue su secretaria de educación hasta abril de 2019, y a Ángela Ávila, quien fue la directora de la Administración de Seguros de Salud. También fue acusado un subcontratista del gobierno de nombre Alberto Velázquez Piñol. Para un país en quiebra, esto se sintió como una doble traición.

El escándalo por las acusaciones se unió a la indignación que había generado la publicación de siete páginas de un chat privado que mantenía el gobernador Rosselló con sus allegados a través de la plataforma Telegram. Entre sus participantes estaban: Christian Sobrino, representante del gobierno ante la Junta de Supervisión Fiscal y director de la Autoridad de Asesoría Financiera y Agencia Fiscal; Ramón Rosario, exsecretario de Asuntos Públicos de la Fortaleza; Edwin Miranda, presidente de la empresa KOI Américas; Alfonso Orona, exasesor legal del gobernador; Ricardo Llerandi, saliente secretario de la Gobernación; Rafael Cerame D'Acosta y Carlos Bermúdez, salientes asesores de comunicaciones; Luis Rivera Marín, secretario de Estado; Elías Sánchez, su mejor amigo y representante del gobierno ante la Junta de Control Fiscal; y Raúl Maldonado, exsecretario de Hacienda y quien advirtió que en su dependencia lo que había era una «mafia institucional». Hoy por hoy, nadie duda que fue su hijo «Rauli» Maldonado quien filtró el documento. Ni padre ni hijo lo han admitido jamás, pero su ambigüedad en el manejo del tema y advertencias de mayores filtraciones han provocado la suspicacia de la gente.

En el chat todos ellos hacían comentarios homofóbicos, racistas, clasistas y sexistas dirigidos a figuras de la oposición o incluso a miembros de su partido. Nadie quedó sin ser ofendido allí.

Meses antes, un grupo de mujeres activistas pertenecientes a la organización Colectiva Feminista en Construcción había establecido un campamento frente a la Fortaleza para exigir que el gobernador declarara un Estado de emergencia nacional por los altos índices de violencia de género. Esta medida permitiría dirigir los recursos del Estado a áreas destinadas al manejo de la epidemia de feminicidios. Rosselló se negó a declarar el estado de emergencia y no las recibió –y de eso se burló en el chat–; también, como una ofrenda de agradecimiento al sector fundamentalista que le apoyó en su candidatura, derogó la carta circular que había dejado su predecesor en la que se establecía un currículo de enseñanza con perspectiva de género en todas las escuelas.

A partir de entonces, la acción de protesta de establecer un campamento se repitió a lo largo del año tanto por parte de ellas como por parte de personas que acudían a protestar ante las distintas crisis que continuaban agudizando la desigualdad social en la isla. Esa noche, tras las acusaciones y ante la indignación que generó la publicación de unas pocas páginas del chat privado, se estableció un nuevo campamento de protesta y unos pocos acudieron a protestar. Rosselló estaba en ese momento de vacaciones en España, en un crucero del cual muy pronto se tendría que bajar.

Aquello pudo haberse quedado así, como un desliz más, una falta de prudencia de un dirigente, una exposición del lado íntimo de una persona pública. Pero el nervio vivo que el contenido de aquella conversación tocaría tendría un efecto expansivo en todo el país.

Rosselló decidió regresar y la gente siguió en las redes sociales la ruta del avión que lo traería de regreso a la isla. La prensa estaba acuartelada en la Fortaleza esperando la conferencia de prensa prometida. El país entero estaba esperando explicaciones. La noche del jueves 11 de julio de 2019, el gobernador Rosselló regresó a Puerto Rico tras interrumpir forzosamente sus vacaciones, ante el aluvión de escándalos que amenazaban su imagen pública. Cada vez llegaban más personas a la Fortaleza a protestar y el campamento nocturno crecía en campistas y, durante el día, decenas de personas marchaban sin cesar en turnos inagotables.

En ese momento, no hay duda de que tanto él como su equipo de trabajo estaban preocupados principalmente por su imagen, por cómo reparar el daño, por mitigar en la medida de lo posible el escándalo. Por nada más. Hasta ese punto es evidente –a juzgar por la serie de erráticas decisiones que el equipo de trabajo de Ricardo Rosselló tomó en el momento– que no había ni un ápice de entendimiento a lo que estaba sucediendo en el país.

Ricardo Rosselló lucía cansado, ojeroso y extenuado después de un largo viaje. Ofreció el tipo de disculpas que nunca lo son del todo, esas que van en plan: «Perdóname si te ofendiste.» Dijo que el chat era un espacio de desahogo y lo catalogó como un error y ya. El viernes continuaron las protestas con mayor intensidad.

Pero la explosión total ocurrió en la madrugada del sábado 13 de julio, cuando el Centro de Periodismo Investigativo (CPI) publicó 889 páginas de lo que era la mayor parte del contenido de ese chat privado. Allí nadie se quedó sin ser insultado. Se burlaban de sus propios seguidores («cogemos de pendejos hasta los nuestros»), atacaban con comentarios homofóbicos tanto a enemigos políticos como a figuras como Ricky Martin, llamaban puta a la alcaldesa de San Juan Carmen Yulín Cruz –quien se había convertido en la principal figura de oposición en la isla en contra de Trump, restándole protagonismo a Rosselló–, se burlaban de la muerte de figuras importantes dentro del independentismo y planificaban todo tipo de vericuetos políticos para menguar la reputación de sus contrincantes o afectarles en sus espacios laborales. Pero, entre las casi novecientas páginas que el país se pasó el fin de semana escudriñando, leyendo y analizando en los medios de comunicación, el comentario más ofensivo de todos probablemente fue el de Christian Sobrino, quien, en respuesta a un ataque político reseñado en la prensa, preguntó a sus «boys» y «bros», como ellos mismos se llamaban, si no tendrían «un cadáver para alimentar a nuestros cuervos», en referencia a la crisis en el manejo de cadáveres y autopsias en el Instituto de Ciencias Forenses que resultó del aumento en las muertes tras el paso del huracán.

Durante meses el gobierno insistió en que podían adjudicarse al huracán sesenta y cuatro muertes, ignorando el aluvión de investigaciones independientes, de testimonios, de reportes periodísticos que se nutrían de visitas a funerarias y hogares en los setenta y ocho municipios, e incluso el propio contento de su dependencia forense que confirmaba que, con relación a 2016, la mortalidad en la isla había aumentado en un 67 %. Pero no fue hasta que estudios comisionados a universidades estadounidenses demostraron que el número sobrepasaba exponencialmente el cálculo –Harvard lo cifró en 4.645– que asumieron como oficial la dimensión de la mortalidad de la catástrofe.

La indignación se sentía en cada rincón de la isla. No se hablaba de otra cosa. Los puertorriqueños sabíamos que en los cuartos oscuros del poder sucedían esc tipo de cosas, pero nunca habíamos podido entrar hasta allí, encender la luz y confirmarlo de primera mano.

La gente se acostaba a dormir preguntándose si mañana renunciaría, los noticieros transmitían en directo las protestas –que acababan cada noche con el uso de la fuerza policial y nubarrones de gas pimienta–, en los programas de análisis ya voces puntuales comenzaban a exigir la renuncia del mandatario y se instaló una sensación general de ansiedad y falta de estabilidad.

En un gesto de rebeldía, un par de señoras fueron a una dependencia pública y bajaron el cuadro de Ricardo Rosselló de la pared y lo echaron a la basura. Su acción se repitió alrededor de toda la isla, y hasta surgió una cuenta en Instagram donde se documentaron estas acciones bajo el nombre: «Ricky te boté.»

El domingo 14 de julio ocurrió la primera marcha masiva para pedir la renuncia del gobernador Rosselló y de los integrantes del chat, que uno a uno fueron abandonando el barco del gobierno, del mismo modo en que lo harían sus correligionarios. En apenas unos días, mientras el país ardía, Rosselló se iba quedando cada vez más solo y figuras clave de todo el espectro político y social se atrevían a pedirle públicamente la renuncia. El 15 de julio, varios artistas puertorriqueños reconocidos a nivel internacional convocaron otra marcha que llegó hasta los portones de la Fortaleza. Residente, Bad Bunny, iLe, Tommy Torres, Ednita Nazario, Ricky Martin, Kany García y hasta Daddy Yankee –entre otros que viajaron e interrumpieron sus compromisos artísticos expresamente para participar– lideraron las protestas.

La mañana del 17 de julio, Bad Bunny, Residente e iLe lanzaron el tema «Afilando los cuchillos», una especie de retrato de los sucesos recientes y de llamado al activismo ciudadano que se concretaría en la asistencia masiva de los jóvenes a las manifestaciones. La canción contiene frases como «La furia es el único partido que nos une», en clara referencia al modo en que la indignación colectiva trascendía las divisiones ideológicas. Otras como «Denle la bienvenida a la generación del: yo no me dejo», aludía al hecho de que el largo historial de corrupción gubernamental del país no sería tolerado por una generación de jóvenes que puede y va a apostarlo todo porque nunca conoció bonanzas, una generación hija de todas las crisis, que no creció soñando con Olimpiadas y no tiene nada que perder porque no ha tenido mucho.

También causó revuelo una frase de la canción que ejemplifica, en su simpleza, la complejidad de lo que allí estaba sucediendo. Cantaba Residente: «No nos va a meter las cabras un pendejo de Marista.» Importa esta frase porque ilustra el hecho de que la mayoría de los funcionarios públicos y empresarios del sector privado que estaban dentro de ese chat pertenecen a una clase social que se forma en los mejores colegios del país, se van a estudiar en universidades estadounidenses y regresan a gobernar un país que no conocen. Por eso a muchos de ellos les costaría tanto comprender, y algunos hoy por hoy no han entendido, el porqué de la reacción de la gente, por qué tanta indignación cuando Puerto Rico es un país tan misógino y homofóbico como cualquier otro destino en América Latina, por ejemplo. Y lo que sucede es que en el chat quedó evidenciada una forma distinta de la monstruosidad de una sociedad. Es decir, no hay una equivalencia de valores. Nadie en la isla se burlaría de ese modo de nuestros muertos, el código ético de esta sociedad –por imperfecto que sea– establece ese límite. Nuestra monstruosidad es distinta a la suya y, para la mayoría de los puertorriqueños, lo que se leyó en aquellas páginas fue un ataque personal. Y así reaccionaron.

El día en que se hizo pública la canción, durante la tarde hubo una marcha contundente desde el Capitolio a la Fortaleza, en la que tanto ellos como el cantante Ricky Martin, los cantantes Kany García y Tommy Torres, el actor Benicio del Toro y la actriz Karla Monroig, entre otros, presidieron la guagua de sonido principal asumiendo nuevamente el liderato del evento. Los políticos no se acercaban a las protestas, y, si lo hacían, era de forma muy discreta, perdiéndose entre la multitud. Quedó claro que esta era una manifestación sin liderato concreto, salvo por el gesto de los artistas, que más bien servían para guiar una ruta y arengar a la gente. Las personas caminaban cargando banderas y consignas alrededor de ellos. Se popularizó la bandera de Puerto Rico pintada de luto, en un blanco y negro muy severo, la misma que había surgido como respuesta a la imposición de la Ley Promesa años antes. No había banderas de partido alguno, solo la bandera de Puerto Rico en sus colores blanco, rojo y azul y la bandera boricua de luto. Ninguna otra. En el ambiente era claro que los espacios colectivos de consenso no se pondrían en riesgo para favorecer ninguna ideología. Entrada la noche seguían llegando manifestantes y, cuando ya algunos iban de salida, otros apenas calentaban motores para llegar al Viejo San Juan. A los gritos se había sumado una consigna aún más poderosa. Ahora la mayoría clamaba: «¡Somos más y no tenemos miedo!» Una conciencia de un nosotros mayor emergía.

Ileana Cabra es una mujer de poco más de treinta años, cabello negro largo, rizos suaves. Es menuda y tiene una voz dulce al hablar. Pero al cantar su cuerpo parece multiplicarse para crear una caja inmensa de resonancia capaz de contener su potente voz. Crece en el escenario. Su voz la hace expansiva.

Es la hermana menor de René Pérez y Eduardo Cabra, conocidos en el mundo de la música como Residente y Visitante. Con sus hermanos y la banda completa Calle 13 pasó diez años recorriendo el mundo y cantando de tarima en tarima durante los primeros años de su vida adulta. Pertenece a una familia de artistas: su madre es una respetada actriz y sus hermanos y hermanas, al igual que ella, han cultivado siempre una conexión directa con las artes. Como cantante ha dado voz a las composiciones de su abuela y a otras del amplio cancionero popular, y como cantautora no ha tenido miedo de hablar de feminismo, de la persecución política del gobierno y de su deseo de que Puerto Rico sea un país independiente. Como muchas personas en la isla, creció además con la conciencia de que esa experiencia de dualidades que es a veces la puertorriqueñidad, se manifiesta incluso en el modo en que cantamos acerca de nosotros mismos. Y esto es así porque –por ejemplo– aquí hay dos himnos: el oficial y el revolucionario. Ambas canciones cuentan con la misma melodía, una danza tradicional. Sin embargo, la letra cambia muchísimo.

El himno oficial que se enseña en la escuela contiene frases como esta: «Cuando a sus playas llegó Colón, exclamó lleno de admiración: Oh, Oh, Oh. Esta es la linda tierra que busco, es Borinquen la hija, la hija del mar y el sol.» Mientras que el himno revolucionario muestra un rostro muy distinto al de ese puertorriqueño dócil que agradece las dádivas del colonizador: «Despierta, borinqueño, que han dado la señal, despierta de ese sueño que es hora de luchar. A ese llamar patriótico, no arde tu corazón. Ven, nos será simpático el ruido del tambor... Nosotros queremos la libertad, nuestro machete nos la dará.»

El himno revolucionario fue escrito por una mujer, la puertorriqueña Lola Rodríguez de Tió en 1868, año en que se llevó a cabo el Grito de Lares, revuelta hermanada en la historia con el Grito de Yara cubano. La letra fue creada para la danza «La Borinqueña», una danza popular escrita un año antes por Félix Astol Artés.

Tras la invasión estadounidense de 1898, el escritor Manuel Fernández Juncos escribió una letra distinta en 1901 que, por su carácter apolítico –algo incluso debatible hoy día, pero considerado así entonces– se popularizó rápidamente. Con el establecimiento del ELA en 1952, se acogió la música como himno oficial del país, y, finalmente, en 1977 se oficializó la letra de Fernández Juncos como el himno oficial del Estado Libre Asociado de Puerto Rico. En todos los eventos oficiales suena el himno puertorriqueño y el himno estadounidense. La única excepción son las Olimpiadas. De hecho, no fue hasta el año 2016, cuando la tenista puertorriqueña Mónica Puig ganó la primera medalla de oro para Puerto Rico en unos juegos olímpicos en los que, por primera vez, se escuchó el himno solo en un evento internacional de tan alto calibre. En el 2021 se repitió la hazaña cuando la corredora de obstáculos Jasmine Camacho Quinn ganó la segunda medalla de oro histórica en la carrera olímpica de 400 metros con vallas. Ella nació y creció en los Estados Unidos, pero compitió por Puerto Rico, dejando claro aquello que tantas veces es más matria que patria.

Mónica Puig lloró durante toda la ceremonia y paralizó al país con su victoria en aquel año en que la quiebra fue inevitable. Jasmine Camacho Quinn colocó una flor de maga en su cabeza –flor autóctona y símbolo de la isla– al recibir su medalla y con su gesto nos recordó que aquellos que se fueron siempre han procurado volver de alguna manera, porque llevan la isla en el cuerpo, en el pelo, en todas partes.

Hace unos meses, la periodista Laura Moscoso descubrió la existencia de unos versos desconocidos en la obra original de Rodríguez de Tió, que dicen así: «Las mujeres indómitas, también sabrán luchar.» No se sabe por qué nadie canta esa frase en el himno revolucionario, ni por qué la letra fue eliminada o acortada justo por ahí, pero ahí está la frase. La misma que hoy resuena con más fuerza que nunca.

Fue un gesto indómito el de iLe en medio de las protestas cuando al llegar a la plaza del Tótem en la marcha del 17 de julio, a la que asistieron unas cien mil personas –muchas de las cuales nunca habían ido a una protesta en su vida–, decidió que la canción que iba a ofrendar en aquella noche de furia en San Juan sería el himno revolucionario.

Había resistencia en el ambiente a cualquier cosa con matiz político o partidista, pero aun así, ella sintió que esa era la canción que mejor representaba el momento. La gente la había estado cantando en otras protestas en esos días, pero seguía siendo una canción con un peso histórico innegable. Su hermano Residente le preguntó: «¿Estás segura?» «Con miedo me zumbé. No me quería imponer de ninguna manera pero era una conexión, intuía que era nuestro sentir en aquel momento musicalmente expresado a través de ese himno, que es nuestro himno original. Sentí gente cantándolo, fue algo intuitivo, fue la canción que tuve ahí para regalar con mucho respeto.»

La cantó a bocajarro. Muchos la corearon con el puño izquierdo en alto, otros sin el puño, y algunos se mantuvieron indiferentes, con incomodidad o hasta con miedo de que eso alejara a los estadistas o estadolibristas allí congregados. Había de todo allí.

Silverio Pérez, como tanta gente, escuchó esa noche ese himno tan familiar para gente con su historia. Silverio es un ícono de la cultura popular puertorriqueña. Es miembro y guionista de Los Rayos Gamma, una agrupación de sátira política inspirada en Les Luthiers de Argentina; es escritor, presentador de televisión, reconocido trovador, músico, cantautor, integrante original de la famosa agrupación Haciendo Punto en Otro Son, pertenecientes a la ola de la canción de protesta latinoamericana, la nueva canción, y ha asistido y cantado en más marchas de las que es posible recordar. Cantó en el histórico concierto 7 Días con el Pueblo que se llevó a cabo en la República Dominicana en 1974, cantó en Cuba cuando hacerlo representaba un peligro real para cualquiera con pasaporte estadounidense, e incluso llegó a cantar en un frente de batalla sandinista en Nicaragua. Vivió la era de la búsqueda de las utopías de finales de los sesenta y de la década de los setenta y hoy le afecta revisar su carpeta: el documento de inteligencia que creó el Estado siguiendo cada uno de sus pasos por sus vínculos públicos con la independencia de Puerto Rico. Es un archivo de datos robusto y por momentos escalofriante.

A las marchas del Verano del 19, como se le ha venido a llamar a este evento, Silverio asistió casi a diario. Y una cosa notó que hoy por hoy le impacta: no conocía a la mayoría de la gente que estaba allí. Por momentos se sintió extraño: no estaba acostumbrado a ser mayoría.

«En el caso del independentismo o de la izquierda desarrollamos una vocación de minoría, y de pronto no ser minoría podía ser como un pecado, casi como en un momento había sido pecado ganar dinero. De pronto tus amigos te miraban y te decían: espérate, te estás convirtiendo en capitalista. Nos acostumbramos a ser los perseguidos, a estar en minoría, y de pronto nos vemos marchar y llenar la autopista ida y vuelta y nos tenemos que detener y decir "qué está pasando aquí". Entonces nos cuestionamos y vemos las diferencias internas y de repente puede ocurrir la urgencia de volver a donde nos sentimos cómodos, a querer estar en minoría. Los discursos de la guerra fría ya caducaron y hasta que no entendamos que tenemos la necesidad de renovar nuestros discursos y la forma en que protestamos y convocamos seguiremos siéndolo.»

Como dicen por ahí: hasta la derrota siempre.

Pero aquella noche nadie se sintió derrotado. El himno termina con la palabra «libertad» e, independientemente de por dónde se mire, fue liberadora en ese momento. Después de tanto golpe recibido con docilidad, después de tanto tiempo emulando al animal del escudo patrio –el cordero–, era urgente clamar por libertad, sea como sea que se manifieste en cada persona. Es curioso: Puerto Rico es el único país latinoamericano que nunca se liberó y que tampoco cambió su escudo oficial. La independencia no se ha dado aún, pero es posible que aquella noche haya comenzado a nacer un nuevo animal político muy distinto al cordero.

iLe recuerda ese momento hoy desde su estudio de grabación en Guaynabo. El país no es tan distinto al que marchó entonces, pero aún se emociona al pensar en ese momento. «No pierdo la esperanza o la confianza en lo que somos como país, como pueblo, en esa fuerza que siempre hemos tenido. Puede haber cierta desilusión pero tampoco llegué allí con la ingenuidad de pensar que, porque estábamos viviendo esa experiencia como país, todo iba a cambiar de un día para otro. Me gusta tener una perspectiva realista y sí, pasó un poco lo que no hubiese querido que pasara, esa sensación de que volvimos a un punto cero. Pero a veces las cosas se tienen que dar de manera que podamos entenderlas mejor y, en ese caso, logramos romper con muchas cosas, nos quebramos, nos abrimos», dice la cantautora con una mezcla de orgullo y frustración. Le sucede así porque, como a tanta gente en la isla, el hecho de que tras la salida de Rosselló no ocurrieran cambios fundamentales en ningún renglón del gobierno y el hecho de que el partido que representó volviera a ganar la gobernación en el 2020, genera la pregunta más incómoda de todas: ¿valió la pena?

La respuesta quizás se encuentre en esta idea. «No sé si llegué a sentir que éramos mayoría, pero sí sentí que era la primera vez que éramos como una sola cosa, porque es que así funcionamos. Podemos tener nuestras diferencias pero a la hora de funcionar como país no nos dejamos llevar tanto por eso, podemos trascender lo político y eso nos da un alivio y nos permite conectar con los demás en nuestros momentos más vulnerables. Hubo una conexión ese verano. Sacamos nuestro lado más verdadero, firme, intenso y divertido también.»

Lo dice porque en las protestas hubo de todo, hasta perreo combativo: una noche de perreo intenso en las escalinatas de la catedral de San Juan como forma de protesta. «Por más que eso haya tenido sus críticas, la realidad es que nos pusimos supercreativos. No nos cohibimos por nada. La sensación era: vamos a hacer lo que queremos hacer, tenemos una meta y no vamos a parar hasta que lo logremos. La gente no se quitó, tuvimos la energía que siempre he confiado que hemos tenido. Fue bien emocionante.»

«Yo tengo dos sentimientos encontrados. Uno es la nostalgia de esa época en que más allá de lo político nos guiaba una utopía, una ilusión. Cantábamos lo mismo en una actividad del Partido Independentista Puertorriqueño que de una unión obrera que estaba en una huelga. Era así porque los artistas, en ese momento, estábamos cantando por una idea, porque nosotros creíamos que era posible una sociedad más justa, un hombre nuevo era la frase. Hoy día no sería así –un hombre–, claro está, porque hemos evolucionado y entendido las luchas de las mujeres. Nos movía ser compañeros de aquellos grupos políticos que compartían esa visión y eso fue hermoso y valió la pena. Pero ahora, uno mira lo que ha pasado en Nicaragua, lo que ha pasado en Venezuela, a lo que se enfrenta Cuba y te das cuenta de que, aunque esos valores siguen en mí, y creo que siguen en todos los que cantamos y hacemos arte por ahí, nos damos cuenta de que los proyectos políticos que tomaron esas ideas como propaganda de sus proyectos políticos fracasaron. Y lo hicieron porque, una vez que llegaron al poder, se fueron amoldando a esa seducción del poder y llegaron a repetir los mismos patrones que repetían aquellos contra los cuales lucharon. Yo no me siento fracasado, fracasaron aquellos que traicionaron esa idea, en la utopía básica de que el ser humano puede ser más solidario de lo que es, puede ser mucho más justo, que no hay razón alguna para que haya estos niveles de desigualdad. No podemos renunciar a vivir en un mundo más justo», insiste Silverio, un optimista irredento que, aunque hoy día reconoce que hay razones de sobra para frustrarse por lo que no se alcanzó con ese momento de ebullición social, prefiere concentrarse en lo que hemos ganado.

«Me sentí reivindicado de que esas personas se fueran, de que los pudiéramos sacar a la calle. Hubo una madurez política en el país. Es importante descubrir, recordar que podemos ganar y reflexionar cómo se puede canalizar eso hacia una mejor situación. Ahora mismo, en las elecciones de 2020, los dos partidos mayoritarios mostraron una decadencia en el apoyo popular sin precedentes. Partidos que lograban mayorías absolutas, ahora están por el 30 %, mientras que candidatos de partidos minoritarios alcanzan sobre el cuarto de millón de votos. También entraron figuras importantes a la legislatura. La historia es perezosa, no cambia con tanta rapidez, pero no da pasos atrás. Hay unas enseñanzas que aún no hemos asimilado, como, por ejemplo, algo que no queremos aceptar muchas veces, y es el hecho de que tenemos muchas más cosas en común que diferencias. El estatus nos hizo aceptar que éramos tribus diferentes y no nos damos cuenta de que, en asuntos como una buena educación, la salud o el medio ambiente, podemos tener unos puntos en común muy grandes. También descubrimos que podemos ganar. Es como un equipo de una escuela superior de baloncesto que siempre pierde y pierde por pela, y de pronto un día ganó. Somos una colonia y el colonialismo no es un asunto político solamente, también es un asunto psicológico y en dos décadas –con Vieques y en el Verano del 19– probamos dos veces que nos podemos poner de acuerdo para hacer un cambio político grande y ganar y si eso no es una victoria, no sé lo que es.»

Poco después de los saludos y arengas de los artistas, de la canción de iLe y de una especie de cambio de turno entre la gente que marchó, llegaron las motoras y los *four tracks*. El juego estaba cambiando.

Miles de motoristas llegaron a San Juan en una caravana dirigida por el Rey Charlie, un joven reconocido en las redes sociales en el mundo de los amantes de los carros, motoras y *four tracks*. Su entrada a San Juan fue la evidencia más contundente de las enormes dimensiones de las manifestaciones que ya trascendían la zona de San Juan y se expandían por las plazas públicas de los municipios del país.

Con Rey Charlie llegaba no solo un grupo enorme de motoristas, sino una representación contundente de los barrios, residenciales y comunidades más pobres del país, sectores muchas veces vinculados al Partido Nuevo Progresista –mayoritario en el momento– y del cual el gobernador Rosselló era el máximo líder. Con las motoras y el Rey Charlie llegó a San Juan toda una cultura que, cansada del abuso, el desdén del gobierno y el agotamiento ante tanta promesa incumplida, había dejado de marchar hace muchos años ya.

Días después, tras las motoras llegó una cabalgata con cientos de caballos en representación de toda la isla; otro día un grupo enorme de personas llegó remando en sus kayaks y veleros hasta los alrededores de la Fortaleza; otros amanecieron un domingo y colocaron sus *mats* a lo largo y ancho de las calles adoquinadas y protestaron pacíficamente por medio de una clase de yoga colectiva. Parejas de recién casados bajaban de la catedral de San Juan y se tomaban fotos frente a la ya denominada calle de la Resistencia –nombre con el que se bautizó la calle Fortaleza tachando su letrero original– con sus consignas.

Se protestó con clases de baile, con acrobacias de telas colgantes, grupos de buzos llevaron pancartas bajo el mar, se hicieron camisetas, murales, se pintaron los rostros y se cantaron infinidad de canciones. Cada noche a las ocho se escuchaban cacerolazos alrededor del país. El estruendo de los cucharones contra las cacerolas era ensordecedor. A veces en una urbanización comenzaba una cuchara solitaria dándole con un poco de timidez a una cacerola, y, poco a poco, se iban uniendo otras, hasta que se escuchaba un coro de ollas y cucharones de rabia íntima y colectiva.

Mientras, cada noche, frente al televisor, los canales locales cambiaron el formato tradicional de transmisiones de este tipo para emular los modelos de *in medias res* que imponen las redes sociales. Los fotoperiodistas y camarógrafos, armados de sus equipos y de máscaras antigás, transmitían en directo, sin filtro y sin edición, todo lo que acontecía. Y la gente en sus casas se quedaba pegada a la transmisión, ansiosa, tratando de llegar a alguna conclusión a partir de lo que veían en esas imágenes crudas que se transmitían al ras del suelo. Casi todas las noches, las protestas culminaban con el lanzamiento de gases lacrimógenos por parte de la policía –muchos de ellos efectivos adscritos al Departamento de Corrección, sin el entrenamiento que establece la Reforma de la Policía para el manejo de manifestaciones–, que llevaba ya dos semanas rodeando la Mansión Ejecutiva. Estaban exhaustos y sus líderes se mostraban incapaces de organizar esfuerzos coherentes para manejar las multitudes y defender el derecho democrático de la expresión ciudadana. El gobernador, como un príncipe en el destierro pero viviendo el destierro en su propia casa, se aferraba al poder, y la gente respondía asediando la Fortaleza, recordándole a todo el mundo que ese palacio nos pertenece a todos.

Entre los múltiples intentos fracasados de atajar la crisis, Rosselló asistió a un culto en una iglesia, una acción que fue interpretada como un acto más de la ya conocida hipocresía del gobernante. En otra ocasión, asistió a una penosa entrevista en una emisora de radio. Era evidente que cada detalle fue deliberado, en lo que representó una admisión de los estilos de manipulación de los medios de comunicación expuestos en el chat. Esa noche del 17, Rosselló dijo que renunciaba a una próxima aspiración política, pero no a la gobernación. En respuesta, la principal autopista de San Juan quedó completamente paralizada y bloqueada el 22 de julio, fecha en la que se llevó a cabo la marcha más grande en la historia de la isla. La convocatoria no tuvo una voz ni un rostro: fue una cosa viral en las redes que nadie sabe bien de dónde salió, pero en la tarima principal estuvieron allí los artistas, esta vez, incorporándose muchos de los cuales no se involucran en asuntos políticos. Llovió estrepitosamente y con el maquillaje aguado y el pelo mojado, los mismos que han tenido que asumir el rol de embajadores en un país sin embajadas, hicieron llamados de unidad e insistieron en la petición de renuncia a Rosselló.

La tensión no cesó, pero la renuncia no llegaba. El gobernador dio entonces un aletazo final. Compareció en la cadena estadounidense FOX News a una entrevista televisada en la que se hizo evidente, además de lo solo que estaba como líder, su incapacidad de gobernar. Ya no había gobierno porque había perdido toda legitimidad. La gente no le confería ya la confianza y el título de gobernador. Sus retratos tirados al zafacón, su carácter cuestionado, la confianza rota. Después de todo, los gobiernos son una ficción extraordinaria que precisa de la confianza y la credibilidad para ejecutar, y ya nadie creía en Rosselló.

Finalmente, tras largas horas de espera en los alrededores de la Fortaleza, el 24 de julio, al filo de la medianoche, Ricardo Rosselló anunció su renuncia efectiva para el 2 de agosto a través de un video publicado en Facebook que el país vio en tiempo real. Fue el primer gobernador en la historia del país que renunció a su cargo y ocurrió sin un muerto en el proceso.

En las dos semanas previas a su salida firmó decenas de leyes, cincuenta y ocho de ellas el día antes. Dos de ellas –la 122 y la 141– reducían la obligación del Estado de hacer públicas sus acciones, limitando así los derechos constitucionales al acceso de información y al ejercicio de la libertad de prensa. Otra de las leyes convirtió la solicitud o renovación de la licencia de conducir en una forma de inscribir automáticamente a los jóvenes de dieciocho años en el sistema del Servicio Selectivo del Ejército de los Estados Unidos.

En la isla hubo además una crisis constitucional pues, al no haber un secretario de Estado en funciones –el anterior había renunciado por su participación en el chat– y al darse la particularidad de que el próximo en la línea –secretario de Hacienda– era menor de treinta y cinco años, edad requerida para la gobernación, el turno le correspondía a la secretaria de justicia Wanda Vázquez. En esos días, Rosselló dejó un nombramiento previo como secretario de Estado –que no fue confirmado por la Legislatura– a Pedro Pierluisi, su excontrincante en la primaria de su partido a la gobernación y un conocido abogado de la Junta de Control Fiscal.

Pierluisi juramentó en la casa de su hermana sin presencia mediática, se trasladó a la Fortaleza e intentó iniciar un gobierno que, tres días después, interrumpió el Tribunal Supremo del país con una decisión que hizo valer la Constitución. Así llegó Wanda Vázquez al poder, según el orden constitucional establecido, y Pierluisi salió por la puerta de atrás, luego de tres días de gobierno ilegítimo. Terminamos con tres gobernadores en una semana.

Vázquez juramentó ante la presidenta del Tribunal Supremo, Mayte Oronoz, a la vista de todos, y entró a la gobernación con tantos esqueletos políticos en el clóset como su predecesor. Hoy día, Pierluisi, a quien Vázquez retó fracasadamente en primarias, es el gobernador de Puerto Rico. Nunca en la historia un gobernante había llegado con tan pocos votos. No hubo mandato: hubo lo que algunos analistas políticos han considerado una victoria fundamentada en el miedo a la pérdida de fondos federales de recuperación. Tanto nadar para morir en la orilla, dicen algunos. Pero ¿será?

Meses después de la salida de Ricardo Rosselló a principios de 2020, en la isla completa, pero sobre todo en el sur, se experimentó una serie de terremotos que dejaron nuevamente devastación. Fue tanta la desconfianza de la gente en el gobierno y en su capacidad de manejar la emergencia, que durante semanas se formó diariamente un tapón enorme –como si se repitiera en el Caribe la historia de «La autopista del sur» de Cortázar– porque las personas decidieron llevar la ayuda directamente a los damnificados y no hacerlo a través de ninguna agencia gubernamental. La erosión institucional era la muestra más evidente de la absoluta decepción que los puertorriqueños sentían meses después de un proceso histórico en el que algo cambió pero, en el fondo, muy poco cambió. Lo que pasa siempre: cambia algo para que nada cambie.

Pero en la mente de Ana Patricia García Pastrana mucho se transformó a partir de esa experiencia, un momento puntual en la vida de una joven criada también en el meollo de los asuntos del país. Ella es la hija mayor del exgobernador de Puerto Rico Alejandro García Padilla y, en mayo de 2020, en plena pandemia, completó la escuela superior en el colegio católico Mater Salvatoris, una institución educativa de corte conservador y perteneciente al grupo de colegios de alto perfil de San Juan. Cuando su padre fue electo gobernador ella era apenas una niña, pero fue quien lo presentó en el podio para dar su primer mensaje al país durante su juramentación.

Vivió en la Fortaleza la transición de la preadolescencia a la adolescencia y, al igual que muchos jóvenes egresados de colegios de este perfil, tuvo la opción de irse a estudiar a los Estados Unidos. Es lo usual, lo esperado; de hecho, es para lo que son preparados. Da igual si al final terminan en algún *college* de baja reputación. Lo importante en algunos de estos círculos es decir que el hijo o la hija se ha ido a estudiar «allá afuera», a los Estados Unidos, y esto es una señal de estatus, un logro personal para el joven y familiar. Irse a hacerse gente fuera de la isla se convirtió para los hijos de las clases más privilegiadas en la única aspiración posible. Quedarse es la gran derrota.

Pero Ana Patricia y algunos de sus compañeros de clase decidieron quedarse después de ese verano. «Eso vino de ese deseo que tiene mi generación de hacer un cambio para Puerto Rico, de quedarnos para tratar de ayudar al país y uno ayuda más quedándose. Muchos se quisieron quedar precisamente por eso, aun siendo estadistas o teniendo los medios para irse», dice al otro lado del teléfono. Su padre apoyó su decisión, pero le pidió que no dejara de hacer intercambios estudiantiles.

Esa idea —la de ayudar al país quedándonos— es una de las más polarizantes hoy día. Cuando un empresario quiso hacer una campaña mediática para levantar el ánimo del país bajo la consigna «Yo no me quito», las reacciones negativas llegaron en bandada. La diáspora se sintió ofendida. «Yo no me quité, el país me expulsó», decían. «Hago mucho más desde acá por Puerto Rico que lo que podría hacer desde allí», argumentaban. Y tenían razón. La campaña fue un fracaso precisamente por eso, porque la buena intención de celebrar el empuje, la tan mentada resiliencia del pueblo, terminó por tocar otro nervio social muy complejo, el de la herida abierta que es la migración masiva y forzada. Con la obvia salvedad de que a los Estados Unidos los puertorriqueños van con documentos y, aunque comparten la experiencia de la discriminación con el resto de los migrantes latinoamericanos, esa diferencia cambia radicalmente el panorama.

Ana Patricia se quedó por eso, pero también porque estaba convencida de la calidad de la Universidad de Puerto Rico en Mayagüez, institución conocida por su alto nivel y prestigio en su formación en ingeniería. Hoy en día las principales empresas estadounidenses e incluso la NASA suelen reclutar a egresados de dicho recinto. Aun así, no pocas personas cuestionaron su decisión y la de sus compañeros.

«Me molestan los comentarios que subestiman al país. Nuestra generación sí quiere ayudar pero también hay un sentido de terquedad. Somos bien apegados a nuestras decisiones y al decirnos que nos fuéramos a buscar mejores oportunidades lo sentíamos como un reto a nuestras decisiones. Mi primera reacción fue querer pelear, decirles que aquí también hay buenas oportunidades. Me molesta que solo se piense en los Estados Unidos. Yo sé que hay falta de oportunidades aquí, mi prima se tuvo que ir porque no conseguía trabajo y le ofrecieron uno allá. Eso se entiende pero también hay que intentar buscar la manera.»

Ana Patricia vivió su primer año universitario en su casa, de manera remota como el resto del mundo, debido a la pandemia. Sus experiencias le hicieron replantearse su futuro académico y profesional. También su formación. Decidió entonces cambiar de rumbo y estudiar literatura bilingüe y escritura creativa. Para ello eligió la Universidad de Navarra. «Hay más países, más culturas. No tengo nada en contra de los Estados Unidos pero no es lo único que hay. Y claro, definitivamente, quiero volver a Puerto Rico. Me fui a estudiar para convertirme en una persona más culta y volver con ese conocimiento a ayudar a Puerto Rico a progresar. Al final me fui, pero voy a volver.» Lo dice como una sentencia. O como una promesa.

Pero nadie olvida que PROMESA es el nombre de la ley que habilitó la Junta de Control Fiscal que tiene la última palabra sobre cada mínimo aspecto de las finanzas del gobierno. Cuando el presidente Barack Obama la firmó, desde la cuenta de Twitter de la Casa Blanca, hicieron una gran fiesta. Le pusieron ese nombre, como un mal chiste o un guiño de quien no entiende la realidad colonial de una isla que por no tener, no tuvo ni el derecho a su propio fracaso. Tuvo que venir la metrópoli a administrar la caída. Ahora hay que preguntarse si habrá promesa posible, si el futuro del país se vuelve a empeñar –como está por suceder en la etapa final del caso de quiebra de la isla– tomando nueva deuda para pagar aquella que resultó impagable. La promesa es que quede algo que prometerle a los que vendrán. La promesa jamás podrá cumplirse mientras la isla sea una colonia anacrónica, como en aquellos tiempos en que había reyes y príncipes que gobernaban desde lejos. Como en aquellos tiempos que se parecen tanto a hoy.

ÍNDICE